證嚴法師 靜思語

高信疆 編

①

編輯緣起

高信疆

證嚴法師是「慈濟功德會」的創始人。

廿五年前，慈濟功德會成立時，法師是布衣芒鞋、和敬寬柔；三年前慈濟醫院成立時，法師還是布衣芒鞋、和敬寬柔；今年，慈濟護理專校創校開學了，法師依舊是布衣芒鞋、和敬寬柔──法師做了那麼多利濟蒼生的事，開展了那麼多雨露廣佈的志業，啓悟了那麼多不同身分、不同個性的人，然而法師從無遲疑，從不懈怠，始終如一、克勤克儉的耕耘在他那「無緣大慈、同體大悲」的人間大愛裡。

廿五年過去了，慈濟功德會自當初的三十人匯聚成如今的一百多萬人；自濟貧開始，而一步步擴展到慈善、醫療、教育、文化這四大志業的落實和成長，那是一條怎樣心力瘁勞、血汗交融，而又堅毅弘忍的路啊——

可是法師無怨無畏，坦然怡然的伴携著隨行的弟子們、會員們、委員們，衆心一志的走了過來。

曾經，法師在和委員們的談話中說過——

「開始的時候，我們像是一頭犢牛，拉着一把車在草原上行進；今天，雖然有些收成，但却是包袱滿載的爬在坡上，而且這隻牛也有了年歲，我們絕不能讓自己停一下、喘口氣。因爲還在爬坡，一停就後退下來了……我們一定要持志不懈、日益精進，一口氣走到峰頂。」

就是這樣的一種心力和腳力，一分願力和慧力，懇摯信實的鼓舞著衆生、教育著衆生，播種在法師殷殷期勉的「福田」上——

慈悲喜捨，勤植萬蕊心蓮；
與樂拔苦，同造愛的社會。

多少年來，法師慈心柔語，悲智雙運的引領慈濟功德會的朋友，走過風、走過雨，走過烈日炎炎的旱地，濟世救貧、撫病助人。常常，在心志脆弱的時候，法師給予慈濟人堅定的力量；在徬徨摸索的時候，法師指點了慈濟人的方向；在阡陌縱橫的人世交錯裏，法師的聲音梳理著人們紊亂的思緒；在複雜詭譎的感情糾葛中，法師的容色平和了人們胸懷的波瀾——法師親切智慧的語言、温潤關愛的態度、慧心澄澈的行誼，清晰沉穩的紮實了愈來愈多的慈濟會員們處事爲人的規範。

當然，古往今來，多少聖哲賢人，都曾爲我們立下典範，留下教言。可是，現實人生裏，曲折變易，有些話、有些事，年代久遠了，地理區隔了，焦距模糊了，或者太深，或者太專，對生活的大衆，往往難以企及甚至緩不濟急，更何況，許多人在邁入社會以後，接受教言的機會相形的減少了。因此，在一般情形下，人們面對實際的生活時，總會有些困擾，難以解決；總有些事理無法圓融的境遇；有些時候，往往日常最細微的小節，也會把人們絆倒——

然而法師却平易近人的在慈濟人最需要的時候，給予了各人深切的指引。他那自然而然的隨機開悟、因緣善導，既真實又親和、既深邃又淺白，尤其是他那身教言教的道德典範、躬親實踐，特別生動有力的匡正了、滋養了，並且提昇了慈濟人。

法師向來少做驚人語，但卻經常是一言點醒夢中人；法師的話，不用深典、不重華詞，卻每每從小地方發真智見、在答問中抒大啓示；法師不曾疾言厲色過，可是溫溫婉婉間自有天地的橫闊與莊嚴；法師平日教誨弟子或會員時，常以出世之心，談入世之事，語誠而敬、素樸明瑩，隨意俯拾都是良言嘉語，都是人間慈愛、人性善美的信念與德行。

法師的言語，又大多是從現實人生裏出發，從個人實踐中體悟，自每人每天的生活中契入的，是活生生的說法，不知曾救了多少人、多少家庭；也實質幫助了許多人開創事業、調理人情，在立身行事中不僅知所進退、歡喜平安，也能助人爲樂，和睦向上。

因此，慈濟功德會的委員，在滿懷感激中，也希望把法師平日向弟子、會員或社會人士開示的話，輯錄下來，讓更多有心的朋友，能夠親近它、掌握它；無論作人、做事、勵志、修身，或濟貧教富、或淑世助人，皆可隨機翻閱，隨緣索引，因時因地、因人因事而能有所吸收與發揮——信疆忝爲慈濟義工，受託編錄，雖力有未逮，卻義不容辭。乃與元馨攜手同工，在何國慶、洪素貞諸慈濟友人的傾力協助下，自法師的答問開示、學佛專論中，自慈濟的書冊報導，隨師記行間，採擷吉光片羽，以類相從，彙錄成冊。

至於輯錄的原則，則以人世的經緯萬端作對象，人性的來去自如當目標，以德行的修養提昇、善美的浸潤持一爲主軸。期待它的印行，不僅可作爲慈濟人的覺行指南，也可提供有緣的社會朋友，一部摯切可行的生活辭典。深盼能讓更多的人分享法師的智慧、慈悲和容忍；也分享那成就了無數慈濟志業的巨大力量。

但願人人都能行走在這一條救心、救身、救世的道路上，並肩學習、奮力實踐；如果，能因此而爲我們的時代添福祉，爲我們的先人增榮光，爲我們的後代留榜樣，那就更是慈濟人衷心莫大的祝願和感激了。

⑩

出版緣起

證嚴法師以出世之心行入世之道，她悲智雙運，身先士卒，以瘦弱之身肩挑救蒼生之大任。歷經四分之一個世紀，法師以慈悲心和公信力創辦的慈濟功德會，凝聚來自各階層百姓的善心、四面八方的定期捐款，成就了濟貧、醫療、教育、文化四大志業，雨露廣佈，不僅寫下近代中國佛教史光輝的一頁，此時此地，更爲當前臺灣社會帶來另一線曙光——讓我們看到了在金錢掛帥、人人自危、有心者充斥無力感的社會，人與人之間，仍潛藏著一股善意與關懷。

如何引發人人心中的善意與關懷，追求和諧美好的社會，正是出版事業者希望藉文字傳播達到的理想標的。這部《證嚴法師靜思語》原由高信疆主編，自多年來法師對慈濟功德會委員的談話中，編選輯錄而成，並經慈濟慈善事業基金會熱心人士助印，供不能親炙法師温煦開導的會友閱讀，以啓悲心，以開智慧。偶然閱讀《靜思語》後，我們深感，證嚴法師除了身教外，她的言教，更是温煦如和風，燦亮如朝陽。她以平淡之語，談現實之事，句句藏機，從小處見真知，輕描淡寫中有睿智。這不僅是一部慈濟會員閱讀的書，實更可爲不時陷入迷惘、無力的現代人，指導迷航，在瑣細微小處得到大啓示。

基於這樣的體認，我們願以最大的誠意來印行《靜思語》，幾度會商，徵得慈濟功德會同意，本書另以九歌版的型式面市，希望海內外廣大的讀者都能獲得證嚴法師圓融的智慧。

證嚴法師曾由一枝蠟燭悟到其中三昧，希望本書的讀者，能從法師哲思的吉光片羽中，感悟像蠟燭般燃燒，散發光熱，在五濁世間，照亮每一個黑暗的角落。

九歌出版社　謹誌

目錄

緣起——⑫

【上卷】靜思晨語——⑲

◉第一篇／現在就是最好的時機——⑳
〈說時間〉

◉第二篇／如月・如鏡・如水——㉚
〈點燃我們的心燈〉

◉第三篇／傷在他的身・痛在我的心——㊹
〈關於慈悲〉

◉第四篇／清淨的蓮花——㊿
〈開啓「智慧」，播「善」種〉

◉第五篇／無染的愛——58
〈邁入人格昇華的境界〉

◉第六篇／飽滿的稻穗——68
〈謙虛、柔忍、爭與和〉

◉第七篇／「無明草」與「增上緣」——82
〈「逆境」、「是非」觀〉

◉第八篇／煩惱菩提——92
〈自「貪欲」說起〉

◉第九篇／覺天地之廣濶——104
〈解讀「幸福」與「財富」〉

◉第十篇／那麼輕・却又那麼重——114
〈言談聲色之間〉

◉第十一篇／道德人心的第一課——124
〈靜思「懺悔」〉

◉第十二篇／一粒種子的力量——132
〈成功、願力與持志〉

●第十三篇／在生命的白紙上——144
〈怎麼來寫「人」這個字〉

●第十四篇／工廠即道場——160
〈「做事」種種・種種「事理」〉

●第十五篇／當一滴燭淚落下來——174
〈因緣、感恩與死生〉

●第十六篇／有限的人生・無限的世界——182
〈「道」與「性」、「信」與「迷」〉

●第十七篇／浸潤在人性的源頭裡——192
〈修養、修行、禪〉

●第十八篇／無聲的說法——204
〈走向「學佛」之路〉

【下卷】答人間問

【下卷】答人間問——213

◉第一篇／即境答問〈人事篇〉——214

談「善美」——214
談「德行」——218
談「生命」——222
談「寬柔」——227
談「缺失」——234
談「實踐」——240
談「做事」——242
談「本分」——249
談「責任」——252
談「溝通」——255

談「改過」——257
談「貧病」——259
談「情愛」——261
談「婆媳」——265
談「育親」——268
新春三願——274
◉第二篇／即境開示〈宗教篇〉——276
談「信仰」——276
談「學佛」——284
談「功德」——290
談「因果」——294
談「迷信」——296
談「修行」——300
談「神通」——306

【附錄】

【附錄】——313
「佛教慈濟功德會」序言／釋證嚴——314
水晶石與白蓮花／林清玄——320
山來照山・水來照水〈證嚴法師的故事〉／彭樹君——330
「佛教慈濟功德會」各地分會地址及電話——355

【上卷】

靜思晨語

◉第一篇—現在就是最好的時機

〔說時間〕

每一天都是作人的開始，每一個時刻都是自己的警惕。

時間可以造就人格，可以成就事業，也可以儲積功德。

一個人在世間做了多少事就等於壽命有多長。因此，必須與時日競爭，切莫使時日空過。

人生要爲善競爭，分秒必爭。

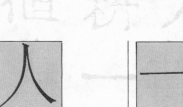

人常在什麼都可以自由自在的時候，却被這種隨心所欲的自由蒙蔽，虛擲時光而毫無覺知。

時間對一個有智慧的人而言，就如鑽石般珍貴；但對愚人來說，却像是一把泥土，一點價值也沒有。

佛說「命在呼吸間。」「人」無法管住自己的生命，更無人能擋住死期，讓它永住人間；既然這麼去來無常的生命，我們更應該好好地愛惜它、利用它、充實它，讓這無常——寶貴的生命，散發它真善美的光輝，映照出生命真正的價值。

人間壽命因爲短暫才更顯得珍貴。難得來一趟人間，應問是否有爲人生發揮自己的功能，而不要一味求長壽。

行

善要及時，功德要持續。如燒開水一般，未燒開之前千萬不要停熄火候，否則重來就太費事了。

怕

時間消逝，花了許多心血，想盡各式方法，要遮擋時間，結果是：浪費了更多時間，一無所成！

人多迷於尋找奇蹟，因而停滯不進；時間再多，路再長，也了無用處，終無所得。

一個人幾十年的生命，真正做人做事的時間實在很少，再勤勞的人也只做了三分之一而已。

平常無所事事，讓時間空過，人生就在懈怠睡眠中慢慢的墮落，良知良能就這樣睡著了一輩子——如此的生命只能叫做「睡中人」。

用智慧探討人生真義，用毅力安排人生時間。

聖人與凡夫的境界，最大的差異在於聖人可以自我掌握時空。

生命非常短暫，所以要加緊腳步，快速前進，不可拖泥帶水，切勿前腳已經落地了，後腳還不肯放開。「前腳走，後腳放」意即：昨天的事就讓它過去，把心神專注於今天該做的事上。

不論在人間付出多少心血、多少辛苦，切莫將心念停留於過去的成就；不論施人多少，亦莫討人情、求報酬。過去的留不住，未來的難預測，守住現在，當下即是。

一直停滯在昨天、過去，就會產生雜念，有執著顧戀之心。人一旦時時刻刻回憶往事，便會痛苦、怨恨、瞋怒、不甘心……。

未來的是妄想，過去的是雜念。要保護此時此刻的愛心，謹守自己當下的本分。

人生不一定球球好球，但是有歷練的强打者，隨時都可以揮棒。

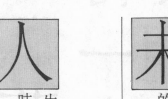

◎第二篇—如月・如鏡・如水

〔點燃我們的心燈〕

心要像明月一樣，有水就有月；心要像天空一樣，雲開見青天。

用寧靜的心態，觀大地眾生相，聽大地眾生聲。

心如鏡。雖外在景物不斷轉變，鏡面却不會轉動，此即境轉而心不轉。

心隨境轉，動轉不息，則人我是非皆成昏擾，不能自已。

鏡子，是用來鑒照物體影像的；但必須鏡、物相離，方能清澈映照。如若物體貼鏡或塵封鏡面，即使是明鏡清影，亦難映照境物。

人之「心思」如鏡，欲求得智慧、明辨事理，亦須遠離人我是非煩惱；此即是：「當局者迷、旁觀者清」的道理。

人心如一面鏡子，照山是山，照水是水；因塵世懵懂，浮塵所染而面目全非。

人的心念意境，如能時常保持開朗清明，則展現於週遭的環境，都是美而善的。

人心要像水一樣，看似綿軟柔弱，却涵力源源，不能切斷。

人的心地就是一畦田。土地沒有播下好的種子，也長不出好的果實來。

天堂和地獄都是用心和行爲造作的。不要怕天堂與地獄，要怕的是心的偏向。

心無邪思，意無邪念，即常可自在；心正則邪不侵。

時

時好心就是時時好日；時時保持心中的正念，任何時間、任何方向與地理都是吉祥的。

心

志若能守持於道，必能精深博大；否則，即使透徹千經萬綸，亦如空花水月，一事無成。

三心二意無定性，四處徘徊不專精，儘管條條道路通長安，却永遠無法到達終點！

人心的散亂有兩種：一是昏沉、一是浮動。昏沉是糊里糊塗空過時日；無所事事渙散體力，懈怠、懶惰、昏睡、不肯精進……。浮動是心念不定、見異思遷、搖擺不止、沉浮、動盪、放逸、無法安靜……。

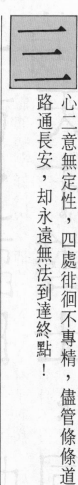

要用心，不要操心、煩心。

身體的病倒好治療，怕的是心病；有了心病，於行、住、坐、臥中都不得安寧，渾身不得自在，甚而吃不下，睡不著……。

衆生心病，擁有的人煩惱「失」；沒有的人憂慮「得」，患得患失，即成憂愁。

若是身一無所有，則心一無罣礙——沒有得失的牽絆，沒有物質的積累，心靈自然沒有罣礙。這是聖者所有的境界，也是學佛者所求的境界。

佛心看人，週遭遍地人人皆佛；鬼心看人，則處處都是猙獰的鬼影幢幢。

所謂凡夫心，是有過去、現在、未來之分別心。

凡夫就是追求神奇鬼怪，所以心才會亂，因心亂故才要去找八萬四千法門，找得團團轉；實在說修心很簡單，只要「斷貪」——那一個人心亂不是爲了貪。

眾生心即是凡夫心，也是污染、有色彩的心，色彩抹淨即現佛性。

心、佛、衆生其實沒有差別，佛也沒有比我們多一隻手多一隻腳，所差別的只是佛心清澈無礙，真如自在；而凡夫心則有塵埃染著，世俗的塵埃一層一層的覆蓋，讓你看不清真實的面貌。佛心又像保險箱一樣，保管住最貴重的東西不讓它遺失；而凡夫心有如垃圾場，有害無益的放在心中積存一大堆，無法清理，使自己痛苦不已。

有人點燈求光明，其實真正的光明，在我們心裏。佛前的燈不必刻意的去點，要緊的是點燃我們的心燈。

◉第三篇—傷在他的身．痛在我的心

（關於慈悲）

悲即是同情心。能互相寬諒、容忍，表現一分寬心、愛心，即是悲心；人生最幸福的就是能寬容與悲憫一切衆生的人。

沒有數字的代價即爲「無量」。不辭勞苦的付出便是「大慈悲」。付出勞力服務，又服務得很歡喜便叫做「喜捨」。

慈悲喜捨這四個字，分開來說，慈喜是予樂，是教富；而悲捨是拔苦、是救貧。

慈就是愛，是清淨的愛。「無緣大慈」，是指沒有污染的愛：他與我雖然無緣無故，而我却能愛他；愛得他快樂，我也沒煩惱。這就是最大最清淨的愛。

眾生與我們無緣無故，他的苦就是我的苦，他的痛就是我的痛。苦在他的身，憂在我的心；傷在他的身，痛在我的心。這就是「同體大悲」。

要慈眼視眾生。要把無形化做有形，把理論化成行動；要時時刻刻拿出一分「我們不去救他，誰去救他」的大慈大悲的濟助精神；能如此，塵世亦可成爲淨土。

慈悲是救世的泉源，但無智不成大悲，有了智慧才能發揮無窮的毅力與慈悲。如此亦符合佛法中的「悲智雙運」。

真正的妙法是以智慧流露出來，真正的慈悲是用智慧的力量去推動的。

佛陀講慈悲，是以愛心仁德爲體，以誠正和睦爲用。

能救人的人就叫作菩薩。把握一日的付出，即是一日的菩薩。

菩薩精神是永遠融入衆生的精神。要讓菩薩精神永遠存在這個世界，不能只有理論，也要有實質的表現。慈悲與願力是理論，服務衆生的工作就是實質的表達，我們要把無形的慈悲化爲堅固的永遠的工作。

把慈悲形象化，付之具體的行動。

◉第四篇——清淨的蓮花

〔開啓「智慧」，播「善」種〕

每個人的心中都有一朵清淨的蓮花，都有無量的智慧——把良知、良能啓發出來，則福慧果報無量！

佛陀在人間，無非是要教導眾生自覺有與他同等的這分智慧，也要教導眾生與佛有同樣的自性，都能進修慈悲與智慧。

學佛必須要遵守佛陀教育我們的三個原則：戒、定、慧。戒是生活行動的宗旨，用來教誡我們的心不做壞事；行爲不發生差錯，心就有定力，精神就會統一；如此就可產生智慧。

心有定力，智慧自然產生。人常爲外境所影響，即是定力不够，學佛即是要定。「定」用現代語講，就是莊敬自強。

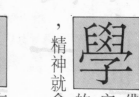

有智慧的人，所帶走的是覺悟了之後的有情。

聰明不一定具有智慧，但是智慧一定包括聰明；聰明只是一種計量利弊得失的能力，貪婪詭詐也是聰明的象徵。

聰明的人得失心重，有智慧的人則勇於捨得。

同樣一個「得」字，有「捨得」，也有「得失」兩種完全不同的心境。有智慧的人就能夠捨，能「捨」也就能「得」，能得無限的快樂；不能「捨」就會有「失」，失去了心境的安寧。

不經一事，不長一智，智慧是從人與事之間磨練出來的，若逃避現實，離開人與事，便無從產生智慧。

能付出愛心就是福，能消除煩惱就是慧。

智慧與煩惱好像手心與手背。其實兩者都在同一隻手上，但手背無法拿東西，若反過掌來用手心，則雙手萬能。

善是利益，惡是損害。一念之非即種惡因，一念之是即得善果。

心田要多播善的種子，多一粒善的種子，就可減少一枝雜草。土地不耕種，則必雜草叢生；所以行善要日日行、時時行，不斷去行，那怕是舉手投足也要存有一分善念。

做好事並不是爲求名，也不是爲求功德；抱著「盡本分」的心去做好事，才是真正的好事、才是至誠無私的善事。

善字的意思是適度、剛剛好。不偏不倚、不極端、愛得不會太過分，也不會產生怨恨心；在人與人之間沒有不平等的分別心；對自己所愛的人，能以智慧斷除佔有的感情，對自己不愛的人或不投緣的人，能盡量善解，以好的心念去對待人。

◉第五篇—無染的愛

〔邁入人格昇華的境界〕

什麼是人生最有價值的呢？就是愛。把犧牲當作享受，能夠付出愛心的人，永遠都很快樂，而且活得有意義。

不管是愛人或是被愛都是幸福的。有力量去愛人或被愛的人都是幸福的人。

不要封閉自己。你要先愛別人，別人才會愛你。

人要自愛，才能愛普天下的人。

待

人退一步，愛人寬一寸，在人生道中就會活得很快樂。

倘

能以愛待人，以慈對人，則不惹禍傷身；所以做人應該吃點虧，做個大智若愚的人。

把氣憤的心境轉換爲柔和，把柔和的心境再轉換爲愛，如此，這個世間將愈益完美。

佈施不是有錢人的專利品，而是一分虔誠的愛心。

人生最悲哀的感受莫過於「人有眷屬，唯我獨無」。因此，菩薩道行者說：「你們看待世間一切衆生，應該把年老者當作自己的父母去孝敬他；年齡與己相近者，就當作兄弟姊妹去敬愛他；年齡比較幼小的，則當作自己的子女一般去愛護他……」這是人性中最高潔、最真、最善、最美的愛。

愛，絕不能夾雜著煩惱，因爲有煩惱就會有污染。

要培養一份清淨無染的愛。在感情上不要有得失心，不要想收回，就不會有煩惱。

有所求的愛，是無法永久存在的。能夠永久存在的，就是那分無形、無染而無求的愛。

父母過分愛子女的心力會反射成子女的煩惱，對子女要放心，他們才能安心。

清

茶淡香，既可口又提神；若是太濃則苦得喝不下。世間的情愛也是如此。

愛

——這件東西在人心中常覺得奇缺，常覺得飢餓難飽足，像餓鬼一樣。人在愛欲中，是永遠沒辦法滿足的。

要談情就必須談長情——覺悟的情；要說愛，就必須說大愛——解脫的愛。

佛鼓勵我們要有大愛，要愛得透徹，愛得普遍，盡虛空遍法界，達到衝破自我，和合於大自然同體大我的愛。不要像泥濘一樣，有色彩、濕粘粘的。

一切有宗教思想的婦女，應把身心培養得像月光一樣慈悲柔和。寬大自己的心胸，燃起智慧之光，使一家人，甚至整個社會，每個人與你相處，都像是沐浴在清涼的月光中，這樣才能達到人人愛我、我愛人人；這才達到愛的真諦，邁入人格昇華的境界。

◎第六篇——飽滿的稻穗

〔謙虛、柔忍、爭與和〕

佛陀常常警惕弟子，即使已經智慧圓融，更應含蓄謙虛，像稻穗一樣，米粒愈飽滿垂得愈低。

真正的智慧人生，必定有誠意謙虛的態度；有智慧才能分辨善惡邪正，有謙虛才能建立美滿人生。

修行最主要的目標即是無我。因為你能縮小自己、放大心胸、包容一切、尊重別人，別人也一定會來尊重你，接受你。

唯其尊重自己的人，才更勇於縮小自己。

縮小自己，要能縮到對方的眼睛裏、耳朵裏；既不傷他，還要能嵌在對方的心頭上。

一粒細沙就扎到腳，一顆小石子就扎到心，面對事情當然就擔當不下去。

不能低頭的人是因爲一再回顧過去的成就。

看淡自己是般若，看重自己是執著。

衆生有煩惱，是因爲我執的關係。以「我」的自私心理爲中心，以自我爲大，不但使自己痛苦，也影響周圍的人群跟著爭執痛苦。忘我，才能於修身養性中，造就身心健康、幸福的人生觀。

愛是人間的一分力量；但是只有愛，還不夠，必須還要有個「忍」——忍辱、忍讓、忍耐，能忍則能安。

要做個受人歡迎的人，做個被愛的人，就必須先照顧好自我的聲和色。面容動作、言談舉止，都是在日常生活中修養忍辱得來的。

修行者的本分事是忍耐和付出，因爲修養原是個人的行爲。

有錢也苦，沒錢也苦，閒也苦，忙也苦，世間有那個人不苦呢？說苦是因爲他不能堪忍！愈是不能堪忍的人，愈是痛苦。

娑婆世界又譯成堪忍世界，意即要堪得起忍耐，才有辦法在世間生存得更自在。

忍不是最高的境界，能夠達到看開忍，則會覺得一切逆境都是很自然的事。

做事，一定要秉持著「正」與「誠」的原則；而待人，則要以「寬」與「柔」的態度。要以宗教者超然的形態，寬大的心胸來容納任何人。

真正的聖人，既强又柔。他的强是柔中帶剛，剛中帶柔；柔能調服衆生，剛能堅强己志。

人人都能以「慈」「忍」施行於家庭、於一切衆生，人間便會常久散發著「透徹的愛」的光芒。

争

，只能「爲善競争」、「與時日競争」——一旦它的對象從自我投射到別人身上的時候，它就成爲一個很不安的字、一件很痛苦的事了。

競

争孕育了傷害的因子。只要有競争，就有前後之分、上下之別、得失之念、取捨之難，世事也就不得安寧了。

不争的人才能看清事實；争了就亂了，亂了就犯了，犯了就敗了。要知道，普天之下，並沒有一個真正的贏家。

人們往往就是太執著，而有分別心。是你，是我，劃分得清清楚楚；以致我愛的拚命去争、去求、去嫉妒，心胸狹窄，處處都是障礙。

一般人常言：要争這一口氣。其實真正有工夫的人，是把這口氣嚥下去。

培養好自己的氣質，不要争面子；争來的是假的，養來的才是真的。

人

，大多數有名利之心，與人爭，與事爭。如果能與人無爭則人安，與事無爭則事安；人、事皆無爭，則世界亦安。

能

一字「和」則無往不利，無事不成。

人能「和」則是非不生；出世之事業能永垂不朽，亦源自一字「和」。

◎第七篇—「無明草」與「增上緣」

（「逆境」、「是非」觀）

逆境、是非來臨，心中要持一「寬」字。

世間沒有一樣很容易的事。沒有逆境的事，不值得我們作爲人生的燈塔。

逆境在佛教中稱爲「增上緣」，碰到逆境來，應心生感激——可遇不可求啊！

人事的艱難與琢磨，就是一種考驗。就像一支劍要有磨刀石來磨，劍才會利；一塊璞玉要有粗石來磨，才會發出耀眼的光芒。

修行一定要經得起磨練，磨練自己的動心成爲靜心，使自己在動的境界中不動心。

修行，是分分秒秒、日日年年，永恒不已的。作事，亦要經過無數次的磨練。

人

常困於己見。知音就是真理，不是知音就變成是非。

人

最難看見的，就是自己——平日都是張著眼睛向外看，把別人稱斤論兩，把世事說長道短，殊不知，自己也在其中啊。如能跳脫開來，把自己也當成觀看的對象，事理才真能看得清、分得明。

要

原諒一個無心傷害人的人；不能做一個輕易就被別人傷害的人。

對

人有疑心，就無法愛人；對人有疑念，就無法原諒人；對人有疑惑，就無法相信人。

多

一分對他人的疑慮，就少了一分對自身的信心；否定了世間的一切，對自己的信念也將隨之消失。

是

非當教育，讚美作警惕；嫌棄當反省，錯誤作經驗——任何批評，都是寶貴的一課。

別人罵我，不諒解我，毀謗我，我反而應興起一分感謝的心理，感謝他們給我修行的境界。

純正的心不怕別人來毀謗，只要做得正，做得誠，任人怎麼去毀謗，反而更能昇華我們的人格。

非

來變爲是，惡來即成善，任何是非皆善解之，即無是非。聽到任何是非，皆視爲修行之增上緣，萬萬不可堆積在心上長無明草。

假

如每個人都能把我慢、我執、無明去除掉，人與人之間就不會有是非產生了。

要將是非當教育，不要將人事當是非。前者能將種種不順心的行爲轉化爲一種重組自我的利器；後者只會讓你覺得人生很苦而已。其實每天的瑣瑣碎碎都是活生生的大藏經。

力效天下善士，同耕一方之福田；勤植萬蕊心蓮，同造愛的社會。

◉第八篇─煩惱菩提

〔自「貪欲」說起〕

世間之所以有人我、是非、內外、事理不能調和，皆源自「貪、瞋、癡」。有此三念，故爭長論短，永無休止。

欲深無底，貪無止境。有求的意向，即有必得的心理；有求、有得的心理，就會有失的痛苦。

世間的海可以填平，但是人的鼻下橫——小小的一個嘴巴，却永遠填不滿。

多求也多變，多變也多生，多生也多滅。生生滅滅，日日年年。

同樣是過一輩子，欲望大的人得花很大的氣力，才能滿足需求；而欲望淡薄的人，少欲少煩惱，便能夠安穩的終此一生。

去貪就簡，可使心靈得到無比的寧靜與解脫。

道心亦即是理性。欲念如果擴張下去，就會埋沒理性；而理性如果能發揚起來，就可以制止欲心。

所謂的煩惱並不是在人的生活物質中做標準，而是心境狀態分別，人如不能知足就永遠都在煩惱中。

人生的苦惱是不分貧富貴賤的。

芸芸衆生，本來可以相處自在，過著和樂的感情與安定的生活，但只差在「爲得多求」。因爲「心無厭足」，爲了多求，難免心起煩惱，增長惡業。

人都是求「有」，什麼叫「有」呢？有就是煩惱。

不要把病痛看得太嚴重，有煩惱心在，即無法解脫。

痛

有兩個詞，一個是痛快，另一個是痛苦。面對痛苦時，要「痛」「快」；也就是視「痛」爲「劫」，「痛」去「劫」消，則病痛反能帶來「劫後歸來」之快。

死

掉過去的煩惱心，生出今日解脫的境界。

要學得「平常心」。一個人若有平常心，則無論遇到任何環境及挫折，都能夠真正安然自在；了解世間的形象本就如此，所以不會害怕惶恐或憂愁苦惱。

心如要保持常常快樂，就必須不把人與人之間的事當成是非；有些人常常在煩惱，因爲別人一句無心的話，他卻有意的接受。

把心胸放開，自然就可斷除煩惱。爲何人會有煩惱？是因爲心最狹窄，容納不了我不喜歡的人、或是比我能幹的人。

發脾氣對內對外都是煩惱，對內是指自己生煩惱，對外是指困擾他人。

將所有的病苦、困難、煩惱，當作是一種人生的「再充電」，一種最好的教育。每天過日子就像讀一本書一樣地掀開一頁紙，而每天所遇到的一個人事或一個煩惱，也就是這頁紙上的一句銘言，一個警語。

透過煩惱轉成智慧，這個煩惱才有意義。

在禪門中的一則公案；說明凡事擔心、駭怕，是癡執的表現。

有一禪師當在打坐時，忽然眼前出現一個境界──看見一個沒有頭的人，禪師當下說道：「無頭，頭不痛」，說罷境界即消失。一會兒，又現一個沒有身體，只有頭和四肢的像，禪師言：「無腹無心，不餓也不憂」，隨後境界又消失了。沒多久，又出現一個沒有腳的像，禪師言：

「無足不亂跑」，言罷境界全部消失。
禪師因而悟出——「塵境皆無性」。

煩惱即是菩提。

◉第九篇—覺天地之廣闊

〔解讀「幸福」與「財富」〕

人生的幸福，沒有準則。有人關心、有人愛護，能關心別人、愛護別人者，即是福中之福人。

這世界總有比我們悲慘的人，能爲別人服務比被服務的有福。

多

一次原諒人，就多造一次福；把量放大福就大。

人

一生的罪與福是人自作的。最可怕的是人，最可愛的也是人。

有心就有福，有願就有力。

自造福田，自得福緣。

吃苦了苦，苦盡甘來；享福了福，福盡悲來。

求福壽倒不如求平安，平安就是添福壽。

常聽「捨得」二字，施比受更有福，真正的快樂是施捨出去後的那分清淨、安慰與喜悅。

最平常的人最富有。

世間物質原只是一種潮流，太平年代金銀玉石是寶，而戰亂時期米糧衣布是寶。世間所謂「有價」的東西，完全是在於人心裏的潮流及虛榮心的作祟。

錢財是身外之物，既然是身外之物，當然也就有聚散的時候。有錢時不必得意，沒錢時也不必悲哀。

人生想得透徹一點，沒有一件東西可以永遠與我們爲伴。再親愛的人，再多的財物，也終有離別聚散的時候，所以又有什麼東西捨不得的呢？

並非有錢就是快樂。問心無愧心最安；能夠付出，能助人、救人，最是快樂。

凡夫追求財物，聖人追求真理。

世間一切精巧物質——色相，只不過是滿足凡夫心一時的虛榮而已。

不受貧賤擊敗挫傷的人，不因富貴驕奢慳吝的人，都是成功的人。

從物質的愛欲中掙扎出來，少欲無貪，自然天廣地闊，無限豐饒。

力致天下善土，同耕一方之福田；勤植萬蕊心蓮，同造安的社會。

◎第十篇—那麼輕‧卻又那麼重

〔言談聲色之間〕

人與人之間相處，都是以聲色互相對待。講話是聲，態度是色，故而與人講話，「聲」要輕言細語；待人態度，「色」要微笑寬柔。

一句不恰當的話，就會使人產生排斥的心。話要講得恰到好處，多一句少一句都不好。

話語要謹慎委婉。面對知音，不必說得太明顯就懂；不是知音，說得再露骨也沒用。

教導別人，也要分內與外。對外要柔，對內要正。

脾氣嘴巴不好，心地再好，也不能算好人。

聽話、説話要完整，不要只揀前一句、後一句，合起來剛好尖尖的刺進人心，創傷也就不可彌補。

不要把能説話的嘴巴用在搬弄是非上造口業，也不要把能行動的身體用在吃喝玩樂，耽戀物慾。

人間好話，要如海綿遇水牢牢吸住；世間是非，要如水泥地般堅固，水過則乾。

面對惡言惡語，也是修行的法門之一。

不要在人我是非中彼此磨擦。話語秤起來不重，稍一不慎，即重重地壓到別人心上；反求諸己，同時也要訓練，不要讓自己輕易被人的話輒傷。

在一般日常生活中，要常自我警惕，自我反省，緊記「對人要寬心，講話要細心」，如此必可化解「含毒」之心，圓融一切衆生。

內心平靜快樂，頭腦清醒，考慮事情就會清楚齊全，說話就會得體。

用清淨的心眼看人，就不會彼此碰撞。聲無形無量，色乃假相，不必拿來壓迫自己的心眼。

以清淨的耳根，接受清淨的語聲；以圓通的耳聞，吸收世間的善音。

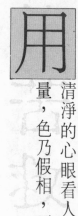

一言爲重，千言無用。言重則信重，信重則有大用。

人性之美，莫過於誠——誠爲一切善法之源。人性之貴，莫過於信——信乃人生立世之本。

誠

不一則心莫能保，信不一則言莫能行。古人說：衣食可去，誠信不可失。

力求天下善士，同耕一方之福田；勤植萬蕊心蓮，同造愛的社會。

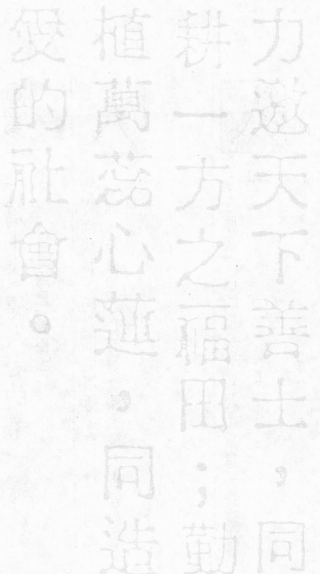

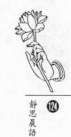

◉第十一篇 道德人心的第一課

〔靜思「懺悔」〕

人因自覺而成長，因自滿而墮落；自我批判的認錯心理，是道德人心的第一課，是人格昇華的階梯。

人都是在原諒自己的那一分鐘開始懈怠，應時時警惕。

原諒別人是美德，原諒自己是損德。

勇於承擔，是一分動人的力量；勇於承擔錯誤，則是一種高尚的品質。

一件事情，不能因爲自己的錯誤，就不敢再去碰它了，而是要把錯誤調整過來，重新去面對它，趕上它。

大錯誤容易反省，小習氣不易除掉。

懺悔是心靈的告白，也可以說是精神污染的大掃除。

一個人要怎樣才能莊嚴此生，才能自尊己靈呢？

唯有二字：「慚耻」。

所謂的「慚」就是我有錯，要趕快認錯，而且以後不會再犯錯，這才是真正有救的人。慚耻也就是有慚愧的心。

懺即「發露先惡」，悔即「改往修來」。人人皆有良知，能勇於面對現實，懺悔反省，始能自覺錯誤。進而坦誠告白，誓願改過，並力行正道，則能明心見性，清淨圓滿。

凡夫衆生，孰能無過？吾人自懵懂無知而至體認世事，不論有心或無心之過錯，皆須懺悔。

懺悔則清淨，清淨則能去除煩惱。

起心動念無不是業；開口動舌、舉手投足無不是罪。學佛應慎防過失錯誤，切莫覆藏罪惡。時時發露懺悔，改過自新，方得自在安然！

人應常靜思反省，以撥開心靈的洄瀾，發掘智慧的泉源。則世出世間無一事理而不通，無一物體而不解。

當一個人沒辦法自我教育的時候，他也就不再能接受別人的教育了；他的成長實已停止。

力齊天下善士，同耕一方之福田；勤植萬善心道，同造愛的社會。

◉第十二篇—一粒種子的力量

〔**成功、願力與持志**〕

人生如高空走索。應專心一意往前看，向前走，不要回頭空懊惱。

人生這段路並不很長，但確實不好走，所以必須步步謹慎，切莫讓它迷了路，走錯了方向。

年輕力壯時，一口氣往上衝，但衝力過猛，不免又筋疲力盡；於是走走停停，困頓繁勞，目標還在遠方。

成功乃依靠堅忍的力量，潛蘊蓄積長期奮鬥的果實，而不是僅憑一點血氣，一時衝力所能得來。

善用力氣的人，不急不徐；善守理想的人，不猛不弛；一志向前、堅定不移，終可達到目標。

才華充足的人，一方面很容易達到目的，很快就獲得了世俗的滿足；另一方面，因所求沒有止境，又永遠不容易尋得內在的圓滿。才華反而成了自苦的根源。

命是無定論，是不可理解的事，但是命却可由我們自己的願心來決定。

任何事都是從一個決心，一個種子開始。

窮，作人志不能窮；富，作人志更要富。

作人應有一分自己的志向、願心、趣味。人生如果没有自己的志向，即如握筆畫圖，不知要畫個什麼，東塗西抹，終究不能成就出完整的形來。

不要小看自己，因爲人有無限的可能。

不要輕視自己的力量。世間没有一項事「不能做」，也没有一個人「無能力」，有的只是「不肯做」而已。一滴水滴到水缸中，整缸水就是我們的；因爲你的那滴水已和缸中水結合在一起，分不出是你的或不是你的。

畫餅不能充飢，水中泡影不能串成項鍊。

路是人走出來的。千里之遙的路，必須從第一步開始；聖人的境域，也是自凡夫起步。

要提起即要完全提起，要放下則要全心放下。

菩薩的人格是要我們自己來完成的。

佛

心沒有遠近，人的願望也沒有大小；只要心誠意正，即可達到宏願。

爲

佛陀的好伙伴，學做大農夫；爲天下衆生心田而耕耘，化荒蕪成大福田。

利濟衆生的事業，需具有三種力量：一是自力。二是佛力。三是衆緣平等力。

自力——以福慧因緣爲自力。得福緣要自種因——，種子要自己撒。

佛力——有了自力以後，再依佛的慈力加持，祈求佛陀的慈光常照耀，願己心與佛心融匯一處。

衆緣平等力——佛與衆生是平等的。恭敬供養一切衆生的心，要與恭敬供養佛陀的心一樣平等。

熱

心易發，恒心難持；光說不練，則無法體悟真理，實踐道法。

唯有學佛如初，始能證悟成佛。

恒

心早起即是鍛鍊殷勤不懈的工夫之一。

◉第十三篇——在生命的白紙上

〔怎麼來寫「人」這個字〕

雖一地所生，一雨所潤，而諸草木各有差別。

衆生相即有衆生見。

天都是我生命中的一張白紙，每一個人、每一件事都是一篇生動的文章。

大地宇宙間，沒有一項不是我們要學的對象，沒有一項不是佛法，也沒有一項不是修心的工作。只要肯用心去想，用心去修，用心去做，就是成功的事。

人既然生在世間，就不能離開衆緣，修行也不能離群隱世。真正的解脫是在衆緣中求得，也是在煩惱中解脫。

欣賞他人，即是莊嚴自己。

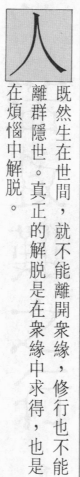

其實人人都有成佛的本性，如能發現自身的本性，就能有一股平等的觀念，也就不會有我的、你的之分。

要平安，得先心安；要心安，須先得理；理得心安，即闔家平安。

一理通，萬理徹。了徹了真理，知道路在那裏，知道自己在做什麼，明明白白，清清朗朗，就能把握自己。最怕的是不知道「我」是什麼，才會徬徨、苦惱。

人的身體有殘缺不算苦，人性的殘缺才是真正的苦。世間的災難禍害，大都是由手腳完好，但心靈殘缺的人造成的。

道理對人生是一條長遠的路，地理不熟就會走錯路，因此今生今世要讀熟未來的地理學。

我們要教化一切有情，必須要先端正自己；衆生剛强，他們的心態是千差萬别摸不透的。你只有一個方法可以感化他：那就是「誠」與「正」。誠正可以降服無量衆生的剛强。

作人要做到三不靠：一不靠權力，二不靠地位，三不靠金錢。

作人要有踏實感，不要只有成就感。踏踏實實的作人，心中多舒服。

時，應分秒必爭；路，應步步踏實，則此趟人生無愧憾矣！

毋需抱怨世間種種人情澆薄、功利主義、好心沒好報等不公現象，這正是要我們有一番作爲的良機。

難行能行，難捨能捨，難爲能爲，才能昇華自我的人格。

佛陀設教在人間，就是要教育衆生回歸真如本性，做個真正的人。所以說人格若成，佛格就成了啊！人格如不成，又怎能成佛呢？

世間苦，作人亦苦，但作人是成聖成佛唯一的道路。

人際關係是最難寫的一篇文章。事事要無我、無執，方可好好作下去。

口說好話，心想好意，身行好事。

人們若少了文化，就如同處在烈日炎炎的沙漠中一樣。有學識、文化，才有美好的綠洲。

大喜，就是時時刻刻都起歡喜心。喜是沒有嫉妒、驕慢、瞋恚的心。

不要把陰影覆在心裏，要散發光和熱，生命才有意義。

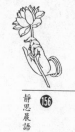

大

陽光大、父母恩大、君子量大、小人氣大。

笑

是一種表情，皺眉也是一種表情；呵斥是出聲，説話也是出聲。笑比皺眉好看，説話比呵斥自然。

轉一個角度來看世界，世界無限寬大；換一種立場來待人事，人事無不輕安。

平時沒有什麼事，對別人我都很好，這不是功夫；發生事情還能對別人好，才是功夫。

縱然是遊戲人間，也要端端正正——不要嘻嘻哈哈；要謹謹慎慎——不要唏哩嘩啦。

自由，在個人應該有個道德觀的輔導；在社會則是法律。否則，就太「野」了；野則橫霸——力大、聲大、慾大、權大者縱情放行，心無閘欄，而自由反倒遁退難伸了。

道德是提昇自我的明燈，不該是呵斥別人的鞭子。

◉第十四篇—工廠即道場

〔「做事」種種‧種種「事理」〕

工作就是運動，工廠即是道場。

信心、毅力、勇氣三者具備，則天下沒有做不成的事。

盡

人事聽天命，不要把「難」放在心裏；人要克服難，不要被難克服了。

人

生最大的成就，是從失敗中站立起來。

人應有捲起褲管下水的勇猛心。反正已經站在水中了，就不必擔心流汗、下雨。

凡是有事就有煩惱，若要做事，就必須先下決心，絕對不怕煩惱。若不怕煩惱，則任何困擾都可解決。

所謂「念茲在茲」，即是手在工作時，心思就在手上；雙脚走路時，心念就在脚上；開口說話，精神就放在嘴上。

不管任何事，都要在日常生活中做好安全的防備，以防萬一。不要輕視風小、不要輕言火弱，星星之火可以燎原。

被人支配的人是有能力的人，支配人的人是有才智的人。

人生無常。社會上需要你時，就必須趕快去做，今天能走得動，就要趕快起步去走。

不要擔心載重，只要方向盤把穩，任何車都可開；在別人渡過的同時，自己也能過得了。

不要想走叉路、抄捷徑；因爲你選擇的小路可能是條死巷，走不通，終究還是得回到原路上來，反而平白多繞一段。

無論做人、做事，都要抱持著一顆「精進」的心。精就是「不雜」，進就是「無退」。精是專心一念，要做一件事，必須專心才能做得成；無有二念，才有進步。

人生好比爬坡。要找一個上好的目標，以短暫的人生，朝向這個目標前進；不能懈怠，因爲在坡上，一旦鬆懈，成績就倒退；也不能把目標訂在很多的峰頂上，因爲一山又有一山高，上上下下，

終是勞而無功。要選最好的、最適當的峰頂，勇往直前，日積月累，最後成就的功德才大。

現代的人，世智辯聰，滿口論調，做起事來却又斤斤計較，多數人只懂理不懂事──他們所知的道理很多，但碰到人與事時却又無法調理，這就是凡夫心。

社會的改變不是用喊出來的，是做出來的。

在正義的聲調中，喊出來的犧牲者有多少啊！

何謂真理？理事配合，事理相融，即是真理。

事不能脫了它的「理」；以「理」爲中心，諸「事」皆環繞在周圍。要以理來轉事，不是拿事來轉理。

理及事的中間需要的是人，理圓、事圓，則人圓。

天下的米一個人吃不完，天下的事一個人做不盡；同樣的，一個人也無法建立天下的功。

凡事要站好自己的原則，不要太牽强去應酬；常去應付應付，往往渡不到他，反而被拖下水啊！

如果影響不了別人，就做你自己該做的事吧。

即使佛在世亦有三不能——眾生定業不能轉。無緣眾生不能渡。不能渡盡眾生業。

力致天下善士，同耕一方之福田；勤植萬蕊心蓮，同造愛的社會。

◉第十五篇─當一滴燭淚落下來

〔因緣、感恩與死生〕

只要緣深，不怕緣來得遲；只要找到路，就不怕路遠。

凡事對機即是好。

我們若有純良的種子，一定要把握因緣時機，趕緊種入土中，並且要有充足的陽光、水分、土壤、空氣，才能成長。

有願放在心裏，沒有身體力行，正如耕田而不播種子，皆是空過因緣。

再好的機會、福報，如不能把握因緣，一樣會溜走。

人生如舞臺，定業來時會演出令人料想不到的一齣戲。

人生在世，一切的物質只是讓我們在日常中能方便利行。因此對物要心存感恩、愛惜及滿足，如此，生活在人間就會處處感到心安意足，時時覺得歡喜快樂。

一件東西能充分使用時，才有它生命價值的存在；如不加以愛護惜用而任意毀壞丟棄，亦如同扼殺了它的生命。

每天感謝父母與眾生，一生所作不要辜負父母與眾生。

一個人在絕境時還能有感恩的心是很難得的。不過一個永保感恩心付出的人，就比較不會陷入絕境。

一支蠟燭如果沒有心就不能燃燒；即使有心，也要點燃才有意義。點燃了的蠟燭會有淚，但總比沒有燃燒的好。

一滴燭淚落下來，立刻就會被一層結出的薄膜止住。因爲天地間自有一種撫慰的力量，這種力量叫「膚」。

生

死之痛，其實就像一滴濁淚落下；就像受傷了，突然被「[illegible]」。

佛

經上說：「生又何嘗生？死又何曾死？」本來生生死死、死死生生都是在同一個循環中。所以說：死是生的開頭，生是死的起點。

力激天下善士，同耕一方之福田；勤植萬蕊心蓮，同造愛的社會。

◉第十六篇─有限的人生・無限的世界

「道」與「性」、「信」與「迷」

世間言語、文字，諸般名、位，繽紛迷離，姿影綽約──唯其多彩多變，故不真實。

能變動的，皆非真道，只是修道的工具而已。故宜能取能捨，能善用而不執迷。

對修道者而言，語言、文字，皆如渡船。爲達彼岸，自須善用此船；既達彼岸，則捨船就道，勿再戀棧。

所謂「言語道斷」，以有限的人生面對無限的世界，能說的、能寫的，都不周全。尤其潛心向道的人，真正要說法、要傳道，徒靠語言、文字，「道」即斷了。真道是不能光靠著文字來傳，語言來講的。

實實在在的道，不是看來的，也不是聽來的，是在看來、聽來之外，還要真正的去做——只有確切的行爲，只有實踐，才能表達出他的真道。

習性亦非「真性」。真性須自習性中去體會，去修爲，去契合，謂之「神會」；是以精神會悟出來的那個道理。

無

「形式」則不足以顯現「內容」。然形式要取「中道」，不可野，亦不可亂；尤其不可輕忽「形實如一」的掌握。

若

說事事皆「有」則會迷，若說樣樣皆「無」則會斷；言「有」則執常，言「無」則執斷。

多數人的心都是迷信的。迷信自己的人，總以爲普天之下唯我獨尊，唯有我能力最强。我們應該相信自己，但不可執著。

有些人，沒信佛以前不信有天堂地獄，一直爲貪圖欲念享受，造了很多損人不利己的事；一旦信了佛，又迷於有天堂地獄而貪圖功德，這兩者都是『迷』。

培養面對現實的勇氣和毅力，以歡喜心接受一切境界。不要動輒求神問卜，心若迷時會很苦，苦在自己無法作主。

無信與迷信兩者，寧願「無信」也不要「迷信」。信必須智信，不可捕風捉影。

迷

信不如無信，是故學佛一定要轉迷爲智，離開衆生的煩惱心，回歸清淨無染的佛性。

智

信者深體佛法之精神，迷信者曲解宗教之美意。

人如果有正確的信仰，在人生旅途中所走的路就不會有差錯了。人的觀念不正，就不能正業；觀念如果偏差，所做的事業也都易於錯誤。

正信的宗教在於心正，心正則能氣盛，氣盛乃能自在。迷信的信仰就會疑心生暗鬼，問神卜卦；取信於籤詩、筊杯，則無法真正深入教理。

正信的佛法，不說感應，不說神通，唯心是佛。

◎第十七篇—浸潤在人性的源頭裏

〔修養、修行、禪〕

整體的美在於個體的修養。

一個人的修養——氣質，均在行、住、坐、臥四威儀中，自然的顯露出來。走路有走路的風度，坐有坐的形態，睡臥有睡臥的姿態……。

有人常常埋怨自己長得不漂亮，沒有人緣；其實人緣並不是在於色身，而是在於氣質。氣質是由修養培養成的。

退一步、讓一步來成全別人，即是修養，即是修行。

常有人把修行誤認爲是出家人的專用辭，其實修行表現在日常生活中，是人人應有的生活修養——「修」是修心養性，「行」是端正行爲。

修行主要是「修心於內而顯於外」，心在內沒人能看見，唯有藉著行於外的整齊來顯示內在的清淨。

修行得自己來，靠自己的精進來啓發自己靈明的覺性。我們不能期望無修自成的果實。

修行並非所謂的長篇大論，也不是高深難解的抽象概念，而是如實且深切地了知人性的本然。

活生生的往生（註），當下即是淨土。（註：死對宗教者而言，爲新生命的再啓發；是捨掉舊的更換新的，走向更好的天地，故曰「往生」。）

修行不是最後一口氣往生西方，而是活生生的往生極樂世界，換得慈悲清淨。

立志修行的人有兩種：一種是被生活之苦所逼而有修道以求解脱的衝動；另一種人是因爲他找到了自我。對後者而言，生活體驗與挫折只會使他更加堅定信仰。

醫生在病人的眼裏就是活佛；護士就是白衣大士，是觀世音菩薩。所以醫院應該是大菩薩修行的道場。

修持菩薩道，須力行「四攝法」：布施、愛語、利行、同事。

布施——「施比受更有福」，欲做菩薩，要不斷付出而無所求。將心力、勞力、財力、物力……，皆歡喜施捨，則人生幸福安樂。

愛語——柔聲悅色，令人聞之欣慰、見之敬愛。能懇摯誠篤，培養愛語，則可掃除一切人我煩惱，解開心結鬱悶；化干戈爲玉帛，轉暴戾成祥和。

利行——身、口、意攝持善行，利益衆生，慈悲濟世，即無上功德。

同事——菩薩所緣，緣苦衆生。身處苦難娑婆，應須自我淨化身心，以身作則，感化周遭共同生活、工作的每一個人，並鼓勵衆人一起力行菩薩道。

一般人常誤以爲「打坐」才是禪，其實打坐修禪，目的是要修得心淨、意誠、氣靜。禪、靜、誠是不能分離的。

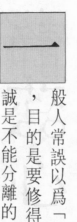

靜坐是爲調身、調心、調氣，要調得身心一如，動靜一致。

靜坐深思，主要用意是：聚精凝神、蓄精養睿，反觀內心自性，以反省過去，慎思現在，警惕未來。亦即是：止惡——諸惡莫作；持善——衆善奉行。靜坐不離此意，能此即謂真修行。

一切言行舉止，能精神統一，心念一致，就是禪定。

正信佛教裏的禪定叫三昧，意即正定，是靠日常生活中磨練所成就，屬修道的手段之一。

真正的「禪」，是在日常生活中不起煩惱妄想，集中精神，一心不亂。行茲在茲、念茲在茲，使心住於一境。

善於利用時間的人，無時無刻無不是修持參禪的好機緣，不管是人與事……。

學佛要學活的佛；打坐求禪，要學活禪。平日生活裏，舉止動作無不是在禪中，這才是真正的活禪。

◉第十八篇—無聲的說法

〔走向「學佛」之路〕

無所求的奉獻，及爲一切衆生而修養自己的言語行動，就是學佛。

佛陀的教育不只是教我們如何了生脫死，更是教我們如何去包容人，不生計較。

學佛要修養到無論發生什麼事，心中沒有絲毫委屈感。

不先培養「愛心」和「耐心」則學佛難成。

學

佛不學佛，端在做人。

拜

佛、信佛不是信一個偶像，而是信他的人格目標，再反觀自性，相信我們有與他同等的毅力——人人皆有佛性，只要肯用心，人人都可發揮真如本性。

學佛先須了解無常的道理，如能徹了此理，才能操縱自己的生命，來去自在，邁向光明的境界。

人生無常。物理有成、住、壞、空；心理有生、住、異、滅；生理有生、老、病、死。這些道理我們若能透徹，就不必在人與人之間計較什麼；不在人我是非中計較，自然能專心於道，不會讓現實的人生來轉動我們的心念了。

教

法不必聽太多，能身體力行簡單的一句偈文，這就是真法，就是真正的善根。

學

佛必定要學得心在寧靜中，意在微細分析中；則天下一草一木一花一葉，無不是如來的形象。

學佛三心：直心、深心、大悲心。

學佛之前，生命像一張白紙，橫寫豎畫，隨心所欲儘可由他。學佛之後，生命像在紙上學寫字，要端正規格才能給人看。

這世界無時無刻不在對我們說法，這種說法常是無聲的，有時却比聲音更深刻。

法譬如水，若江若河，能洗淨衆生污染的心；法譬如藥，藥無貴賤，能應病即是良藥。歡喜心即是一帖良藥。

滿山遍野，若眾生需要，一草一木無不是藥。若非眾生所需，則再珍貴的材質也不是藥；佛法亦是如此，無經不深，無經不淺，無高無低，無大無小，眾生的心會吸收應用，即是微妙的大法。

【下卷】

答人間問

◎第一篇—即境答問

（人事篇）

談「善美」

善是什麼？

師言：「善就是『智慧』——智是『分別智』，慧是『平等慧』；有了智慧，就有了善和美。」

又言：「善不能以威權行之；也就是不能用善心爲名，把己意强加在別人身上。」

慈悲和「善」的關係如何？

師言：「光有慈悲而缺少智慧，有時也會生出毛病來的。最淺近的例子，像當前社會上常發生善心人被騙的事，如此，慈悲不僅未能達到善的理想，反而助長了騙徒的罪行。我們要在智慧中發揮慈悲，才是真正的善。」

有人問：「什麼最美？什麼最樂？」

師言：「『寧靜最美，安定最樂！』這是習禪、修心、養性，最美好、怡悅，且最崇高的境界。」

世界上真有圓滿的完美的事嗎？圓滿是可以追求的嗎？

師言：「有始就有終，有生就有滅；物質、名利的追求既辛苦又徒勞，既無止境又無保障——從這些地方來看，世間沒有什麼圓滿的事。然而，人性的圓滿卻是可以追求的。這是一個價值觀的追求——因爲人性、道德，都是我們可以修爲、可以提昇的。這使我們看到一種反求諸己的善美的境界，透過自我的修養和努力，我們可以追求到一份圓滿的價值，一種完美的人生態度。」

有人問：「什麼樣的人最美？什麼樣的衣服穿在身上最漂亮？」

師言：「最美的面孔是帶著微笑，微笑是世界共通的語言，愛的表現。最漂亮，最有氣質的衣服，是柔和忍辱衣。」

談「德行」

什麼是「德」呢？

師言：「德是下功夫，是有志於道；德在心裏而行諸於外的就稱爲『德相』，譬如走路、行儀……都可表現出一個人的『德相』來。德也因此是自我的教育，是內心的梳理、表現在外的行爲的規矩。」

年輕的女孩問：「穿衣服怎樣才好？」

師言：「自然最好。衣服可以保護我們的身體，也可以表現我們的氣質；什麼身分，什麼年紀，什麼情境，都要合乎自然的穿著才好。」

又言：「穿衣要順其自然才美；很牽强的，不自然的，也就不美了。」

某大學社團負責人來訪，尋問，什麼叫做「造口業」？

師言：「我們所說的話句句皆實話，所說的事，句句負責任，就稱做『正語』。反之則造口業。開口動舌無不是業，欲不造業，則必須以無漏智慧來攝受口業。玩笑話語，或是取笑別人，也會造下不可收拾的因果啊——」

又言：「和與敬是修行最重要的事，所以身形不可違背了生活動作。對人粗聲粗氣，妄言、綺語、兩舌，這都是在聲中造業，也就是造了口業。」

爲什麼人對熟人比對生人，反而顯得禮貌不週？

師言：「有些人不熟識對方時，大家都彼此客客氣氣相待，講究客套與禮節，並且和樂相處；等到彼此相處日久，熟悉對方後，就『熟不過禮』，不再講求禮節了。所以有人說：『恨由愛起』。最初大家彼此客氣時，能夠相敬、相愛，等到熟識對方，講究客套的禮節漸失時，就會生起一分怨恨之心。我們要保持最初相識時的那種客氣態度，始終不渝，才是作人處世之道。」

開放大陸探親後，許多返鄉同胞，看到當地的貧窮落後，而生分別心，言語行止常露驕態。

師言：「我們回到大陸，要心存一分虔敬的平等觀和道德觀，不要去傷他們的心，也不要去刺他們的眼。那樣清貧的生活，我們還不是曾經走過，難道大家都忘了嗎？禁不住就自我炫耀，不但傷害了大陸的同胞，也將傷害了我們自己。」

青年學者問：「佛家講『有漏皆苦』，生命既在成長，自然有所消逝。是不是凡是生命，本質上就與痛苦連在一起？」

師言：「生與死本來是連在一起的。死，最痛苦的並不是死亡本身；死者已無痛苦，而是活著的人，每想到死，精神上一陣威脅的痛苦—死去的，並不只是肉體，還有愛別離苦；人生所愛的一切，都捨不得離開，而又不得不離，這是精神上最大的折磨。我們有生的那一天，就一定有死的那一刻。一般所說的苦，就苦在生與死當中的這一段人生。人生中的是是非非，是又像非，非又像是；明知雲烟，總難免被眼前的人我是非牽動而煩惱。需知一旦我們生而爲人，生命本身就是值得我們祝福的；應該學學林傳欽這位小兄弟。人家問：『你兩條腿都給鋸掉了，怎麼辦。』他說：『我比脊椎受傷的人幸運得多。』你說他苦，他並不苦。」

有會員問：「我們怎麼來觀看這個世界才好？」

師言：「打個比方，一般人看世界，看到一花一草，是把它看在一張白紙上；真正的觀者，在看到一花一草時，是把它看在玻璃上；這有什麼不同呢？看在白紙上，看似一張畫，但是就看不到一花一草的因緣，是隔開來，沒有生命的、單獨的觀看。看在玻璃上，是透明的，一花一草與自然背景、天地萬有仍然相互關連，處處都透著因緣和生趣；既是花草，但也不只是單獨的花草而已了。」

有位青年問：「人生的路，應選擇平凡平淡的好，還是冒險激越的好？」

師言：「寧取平淡。冒險應是逼不得已的作爲，並非存心爲冒險而冒險。」

又言：「生命不過是廣大宇宙中極微末的一點點而已；相對來看，什麼才真是偉大高超的呢？怎樣才算是激越呢？不如就平淡點，脚踏實地的做人做事。」

談「寬柔」

一般人說：「理直氣壯。」師言：「理直要氣『和』。」

一般人說：「得理不饒人。」師言：「得理『要』饒人。」

若是「理直氣壯」，會有什麼問題呢？

師言：「我們若認爲自己有道理，什麼都要爭到贏，這樣就太剛强了，太剛强就會破壞人與人之間的和睦。所謂『得理不饒人』，我有道理就要跟你爭到底的局面，因爲執著於自己的理上，反而會使衆生造業，這是錯誤的。要爲衆生考慮，行道時要使衆生都能培養善業，因此需『理直氣和』。」

又問：「理直氣和」怎樣說呢？

師言：「人是需要愛的，太嚴則沖失了愛。有理的時候，氣度更要寬和，才能圓融了『愛』，烘托了『理』；所以做人宜『外和內正』。」

弟子：「作人做事要怎樣才能圓融？」

師言：「圓就是圓滿，待人處世要用圓的方法，不要用尖的方法。因爲尖的會傷害到人，同時也會扎到別人的心。」

一位師姊表示：「日常工作上常感到很傷心。」

師言：「打開心門！如果門大開，任何人出出入入，直暢無礙；反之，門窄了，任何人出入都會碰到的。」

有些人常會這樣說：「師父，當我要發脾氣時，想到您說的歡喜心，就會把氣壓下來，但卻忍得好難過喔！」

師言：「就是因爲還有忍的心才會難過，若能培養時時歡喜的心，放大心胸去容納一切，自然就會起清涼喜悅心，也就不需要忍得那麼苦啊！這就是一步一步的修養，如同細水長流一般，再硬的脾氣、再固執的心，也都會被你的這份柔和善順所感化。」

一位慈濟委員請示：「每訪問急難貧戶，看他們惶然無助，不知應如何安慰之？」

師言：「應先以柔和慈言愛語，温暖其無助惶恐的心神，再慢慢建立其宗教信仰，精神有所依止，方能應付眼前困厄。我們的工作不僅對苦難衆生作實質上的幫忙，於精神上的紓解更爲重要；救人急，救心更急。」

什麼叫做柔和謙虛的「菩薩儀容」？

師言：「我們對貧困的衆生，講話語氣要輕柔，態度要謙虛而親切；貧困的衆生，他們需要的，不僅是物質而已，更需要愛。愛的表現，是在於形態上。所以，不能有傲慢的表現，對他們一定要温和親切。」

弟子請示：「如何才能寬容他人？」

師言：「普天之下，沒有我不愛的人，也無我不信任之人，無不原諒之人。如果我們能俱足此『三無』，則能使心理健康並正常發展，而自然會寬容人、愛人、信任人。」

談「缺失」

有位委員，端出一杯茶，杯子稍有缺口，她說道：「師父真是抱歉，這杯子缺了一角……」

師言：「除了那微末的一角之外，整個杯口不都還是圓的？每個人都有缺點，若不去計較缺點，則這個人就是很好的人。」

有人問：「應如何對待犯錯的人？」

師言：「我們該像佛陀對待罪惡眾生一樣，原諒他、憐憫他、幫助他；人性總有善因，犯錯的人其實比被犯的人，更加痛苦。」

做壞事的人，都會痛苦嗎？

師言：「做壞事的人，是『自我地獄』裏的囚徒。如果不承認他的苦痛，只有兩種情況——

一，是口硬，心裏却很惶恐；這種人其實是內在極脆弱的人，他甚至不敢面對自己的痛苦。

二，是精神不正常的人；這種人已經病得很深了，更需要社會治療，需要愛。」

積習未改，時常犯錯的人，也該原諒嗎？

師言：「積習是一種長期不自覺的習慣，和預謀的犯罪不同，自應以更大的愛心和耐心來教育他，開導他。且說個故事吧：『有位小徒弟，雖一心向佛，却總難改去他的毛病——偷；且由來已久，早成習慣。師父每回都原諒了他。某次，情況特別緊要，小徒弟竟又犯戒；衆弟子無不憤慨，面陳師父，盼趕走小偷徒弟，否則大家恥與爲伍，只得離去。師父回答：即使你們都走了，我也不能趕走他。因爲你們都很注意修養，到哪裏都會受到歡迎；唯獨他，有毛病，到哪都不受歡迎，我怎能爲留下你們而捨棄他呢？衆弟子聞言，大受感動；小偷徒弟聞之，亦羞愧莫名，感激涕零！遂決心改過，終能自新。』」

世界上什麼人最快樂？

師言：「能原諒人的人最快樂。當你原諒一個人的時候，當下心裏面的煩苦也同時消失了。」

談「實踐」

有人請示，如何發心？

師言：「發心要發在脚底上，走得正，站得穩；不是發在口中，只說不行。」

有位青年學者來精舍小住，請示師父：「爲何讀書人常感苦悶？」

師言：「大家都是知識分子，文字看得多，在事理無法圓融時自會苦悶，掙扎不已。此乃僅明理而不實踐之故。如放寬心胸，該作的放手去作，該捨的毅然捨下，豈有時間浪費在無謂的苦悶中呢？」

某社會工作者感嘆世道日非，人心不古。

師言：「不要去抱怨現在的世間怎麼樣了，人心彼此的感情怎麼樣了；倒是應該從這裏生起一種很强的想法：因爲現在的社會是這樣子的，所以才更需要我們去做一些什麼。譬如人有病的時候，才更顯出好醫生的重要……這些問題，正是激勵我們非得去從事一番作爲不可的力量，也是召喚我們該積極服務衆生、實踐理想的好機緣。」

談「做事」

一

對年輕夫婦趨前問道：「作事業應把持怎樣的態度？」

師言：「以誠以正。」

又問：「但是在公司中常有很多的傳言是非。」

師言：「是非止於智者。如果沒有是非及人事，也就不是凡夫的世界。」

弟子：「凡夫在人我是非中常迷失自己怎麼辦？」

師言：「凡夫被因果所轉，輪轉於他的果報中，痛了就一直鑽在自己的痛苦中；而聖人却以他的一分平常心去轉業，痛快！痛快！快快讓自己的痛苦過去，業障也被心境轉過去了。」

一般人常把苦幹與能幹混爲一談，其實二者是有所差別的。

師言：「能幹的人雖然能積極從事，但難免仍存有世俗的習性，能任勞却不能任怨；而苦幹的人，不但盡其所能的發揮才幹，最難能可貴的是能任勞又能任怨。」

有人常爲負擔太重而困擾。

師言：「不要擔心負擔多、責任重；能受天磨方鐵漢，只要腳步站穩，力氣是愈用愈大的。」

人應該如何面對「休息」與「工作」呢？

師言：「休息的意義，應該是換一個姿勢，也可說是用另一種方式來工作；並非靜靜地坐著，全身不動。我們要多多利用人生，多一分活動，就能多成就一分工作。」

國外回來的慈濟委員在花蓮靜思精舍小住，隨眾弟子勞作，包裝蠟燭。因蠟燭滑手，包裝用之膠紙亦滑手，且每一包要裝填數隻蠟燭在內，每每不能圓滿完成。師父見狀即作示範，剎時而成。委員請示原理。

師言：「作一件事，先要把心放在上面，手是隨著心的意念而動。要細緻的，專一的，層次分明的作去；勿需貪多，先用膠紙包貼好一個蠟燭，再慢慢往上推去，因蠟燭大小一致，即可循序完成。作事、修行，也是這樣的。」

靜思精舍弟子在工作中，一時發現膠水用完了，有弟子向慈濟功德會辦公室借一瓶用過的膠水，師父路過得知此事。

師言：「慈濟功德會的經費，一分、一縷，都是萬衆會員的珍貴捐贈，是要爲濟世助貧用的，分毫都不可錯用。如果臨時要借用東西，如借膠水，就借一整瓶，過後儘快還一整瓶；事情清清楚楚，對會員才能交待。作事就是不能因事小而大意，分寸要精確的把握。」

一位大學教師，鑑於目前教育事業愈來愈變質而傷感。

師言：「從傳統中國的禮教社會到現代功利主義的社會，師生對待的真義，都不外乎坦誠，盡本分而已。當今社會，師生關係變質，無非是附帶的包袱太多、本分的掌握太少所致。」

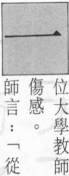

有人說，這是我的義務；也有人說，這是我的本分。「義務」與「本分」的差別究竟何在？

師言：「在行事當中，常人覺得這是我的義務，所以不計代價去作了；如果換成這是我的本分來思考，也是不計代價的去作——然而義務是應然，本分是必然；義務有牽扯，是形式的約束；本分卻是自然，是內容的充實。其間心裏喜樂、個人覺知，自有不同。」

一位就讀某大學研究所的義工，惑於當前手段與目的不分的現實，請示：「手段重要還是目的重要？」

師言：「要有過程，不要有手段；要有目標，不要有目的。」

又言：「過程是本分和自然，手段是機巧與權變；目的有得失，目標，則是方向。」

談「責任」

會員問：「年輕人看到社會上的不公不義，免不了要打抱不平、要伸張正義，這樣的想法和做法，是否妥當？」

師言：「要有一分『靜觀』的智慧。抱不平，喊正義，會把事情變得更複雜，更混亂；許多不公不義都不是表象那樣的簡單，不能操之過急，一時衝動就去喊、去伸張，也許更加深了它的不公和不義。應力求自省，想想自己做了什麼，能做什麼？每一個人都該盡自己應盡的本分；要有責任感，甚於正義感。人人如此，這個社會就有可能更公平、更正義。」

又

問：「責任感與正義感分別何在？」

師言：「責任感是對自己的要求，正義感是對別人的要求。責任感理性內省，是良知良能的自我奉獻；正義感感性外鑠，是快意是非的人我衝決。」

凡人遇到不順心的問題時，會生氣，該怎麼辦？

師言：「應該把握自己，及時反省。生氣是對自己的失責，徒然自我消耗精神體力罷了，這是內在的破壞力量，擾亂了心性，也失去了解決問題的慧力。人生要達到『定』的境界，既要面對現實，又要不讓現實影響我們心的澄寧。」

談「溝通」

當前的交通這麼混亂，毛病究竟出在那裏？

師言：「如果人心能夠好好溝通，車道上就能好好暢通了——可惜上上下下，每天都是你爭我霸的，大家何嘗有平靜的心靈來互相溝通呢？」

又言：「馬路上東挖西補的，常常滯礙難行；沒有長遠的、完善的方法，交通問題自然也就時時交而不通了。」

問：「什麼是『溝通』？如何與人溝通？不同習氣，不同生活背景與知識程度的人，能否溝通？」

師言：「以現實來說，觀念、目標、習氣相近的，比較容易溝通。但是起點仍在個人。要先能心思平靜，先能傾聽；先有了可以捐棄自己成見、虛心接受別人想法的胸襟和智慧，才有真正的溝通——故所謂溝通，不是要人家和我溝通，是自己如何去與人溝通的問題。要別人退一步，自己進一步，不是溝通，只是說服。」

談「改過」

弟子：「我知道我有很多缺點，我會慢慢改啦！」

師言：「你要慢慢改，那乾脆不要改！人生無常，有多少時間可以慢慢消磨。」

弟子：「師父，爲什麼其他作錯事的人都不必改，老是我在改呢？」

師言：「想要成佛的人就要改，不想成佛的人就可以多多與人計較！一念覺即佛，一念迷即凡夫。」

或問：「聽時思悟，境來思迷」應如何克制？

師言：「應提起毅力、決心，立『不二過』之志，隨時惕厲自己；有勇氣即可精進。」

談「貧病」

爲什麼人生會有貧困？

師言：「我用心追其根源，發現多數是由病而貧。只要有健康的身體就能工作，即可以平平靜靜過日子；如果遇到病苦，有時一個小康的家庭，就會因此漸漸被拖垮了。這也是看病功德第一的道理。」

有問：「護理人才的重要性何在？爲何要以白衣大士的精神爲主導？」

師言：「護理人才是醫療極重要的一環。人們生病時，七分身病，三分是心病；再好的醫生和藥石，仍需經過護理人員的關心照拂，才算完成。因此，護士除需專業訓練的精良外，還得煥發出觀世音般的白衣大士精神——一分人傷我痛的慈悲和一分救苦救難的決心；表現在外的，是那種無限的溫柔與關懷。」

談「情愛」

有位少女問男女之情，如何才好？

師言：「要專，要規規矩矩。」

又問：「專情，私情有何不同？」

師言：「私情是佔有，專情乃真誠；私情不擇手段，專情寧見對方幸福。」

某先生爲情所苦，問：「人能斷情否？」

師言：「情實難斷。菩薩道是覺有情，未嘗斷情；佛陀的愛透徹無染，亦未嘗斷情——私情私慾，使衆生痛苦；只有大愛長情，才能使衆生超脫痛苦。」

現在的孩子受盡寵愛，仍覺不足，該怎麼辦。

師言：「父母要製造機會讓孩子親自參與家裏的工作；愛不要太溺，要多用智慧，多作啓發和開導。倒是對外人，一般人或衆生，應發揮爲人父母的愛心去對待、關懷、與付出；這樣孩子也會慢慢瞭解到愛的真義。」

有位社會工作者困惑地問：「嘗見友人獻身於社會服務，熱心公益，而對自己家人却無暇照料。像這樣愛盡天下人獨忽略最愛自己之人，感覺上似乎不對吧？」

師言：「不是『似乎不對』，是真的不對。」

有委員請示：「當一個人付出愛心幫助貧困的衆生，應該存著什麼樣的心理？」

師言：「不爲任何代價、不爲任何回報而付出，則能夠得到更真、更善、更美的境界。」

慈濟某委員一家皆去法院見證，願捐獻器官。

師言：「能看透愛與生命，無佔有心，即是菩薩愛。」

弟子問：「那處方有永恒的愛？」

師言：「當向虔敬裏尋，當向最初裏尋，當向宗教裏尋。」

談「婆媳」

有媳婦對師父說：「我對婆婆已經夠好了，但是她仍對我不好。」

師言：「婆婆對你不好是她的事，但是對婆婆好是你的本分事。要知道你的一舉一動，晚輩都在看著、學著。既然對婆婆已經好到九十九分，只差那一分，那就給她滿分吧！」

公婆應該如何看待媳婦？

師言：「子女結婚，不是出嫁一個女兒，是多了一個兒子；不是娶進一位媳婦，是多了一個女兒。」

會員請示婆媳相處之道。

師言：「對公婆好，使他心情好不生病，就是爲人子媳的福；不順公婆惹他生氣生病，照顧看護哪樣少得了你？要互相祝福關懷。到市場買菜，不要只想到孩子喜歡吃的東西，而沒想到婆婆喜歡吃什麼。凡事要有一分恭敬心。」

談「育親」

弟子：「要怎樣管教孩子才算恰當？」

師言：「生養子女就如同種樹苗。樹苗植入土裏刻意加太多的水和養分，根會很快腐爛，因爲大自然本來就有充分的水和陽光、空氣，自然會培育它。孩子也是一樣，父母生他，即是天地養育長大的；過分溺愛孩子，反而害了他。」

常有父母爲孩子吵架而煩惱。

師言：「那只是一種遊戲；是孩子們社會經驗的開始，他們並不一定認爲是在吵架。父母不必去加重這種意識。」

孩子不乖，不讀書怎麼辦？

師言：「其實，父母對孩子只有義務，只能盡責任，沒有權利；要多爲孩子種福，以母親的心懷來愛衆生，以菩薩的智慧來教育子女，不要太爲子女操心，這樣無形中會加重他的業。」

有年輕女子因戀愛受家長阻撓，頗多波折後，男方另娶，少女心意憔悴，頓思出家；家長雖懊悔，却難以勸説。乃領見師父，請開導。

師言：「出家是一輩子的事，和女孩子出嫁一樣，都要非常非常的愼重。出嫁，不該是激情、衝動的決定；出家，尤其是清靜澄明的堅定抉擇。然而出嫁是走入另一個家庭；出家則走入了如來家，要挑起如來的家業；這如來家業等於是挑起普天下的衆生啊——和在家人可全然不同了。這個承擔既重又遠，萬一承受不起，不是更苦嗎？要仔細想清楚，不要在感情波折、煩惱不安的時候下這個決定。」

又對家長言：「培養子女是家長的責任，但不能施以權威；不能因爲是家長，就要子女處處都得從自己的意——這樣的愛，太苦太嚴，連愛本身都受了傷，豈不失去了痛惜子女的本意。」

有位醫學教授，認爲看病功德第一，所以兒子考大學，一定要兒子填醫學院爲第一志願，兒子志不在此，不願照填，父親吩咐家人一定要盯著兒子這樣填寫。

師言：「固然我們知道醫生的功德很大，父母也希望兒

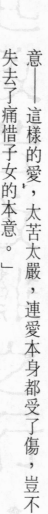

子走最好的路，是善意的；然而爲人父母，還是以開導的方式，培養孩子的興趣較好，不能以指令强加在子女身上，反倒苦了孩子。雖然是以善意出發，却不一定就能結出好的果實。父母應以寬柔的心胸、智慧的眼光看待子女，讓子女走他願走、能走的路，才好。」

新春三願

民國七十二年新春，會員探問師父的新春願望。

師父的三個願望是：

一——不求事事如意，只求有充分的勇氣面對現實；

二——不祈求身體健康，只希望時時有一股智慧充足的精神、一分不轉退的愛心；

三——不希望減輕負擔，只要求有更大的力量，來擔當在這個世間所該做的事情。

力邀天下善士，同耕一方之福田；勤植萬蕊心蓮，同造愛的社會。

◎第二篇—即境開示〔宗教篇〕

談「信仰」

問：「什麼才是生命中最踏實的力量呢？」

師言：「一個人錢再多，總帶不去；才華再高，也不能保障他一生的穩定；現實生活中，一切都是那麼虛幻，漂浮不定。什麼才是生命中最踏實的安定力量呢？這就必需要到生命的終極關懷中去尋找了。只有在這裏，當一個人有了生命的終極關懷，不管在什麼環境下，遇到什麼困難，總會循著一定的宗旨和方向，安然前行，像航海中有了指南針。」

某報記者感嘆說：「爲何我一直爲工作忙碌，爲事業而栖栖遑遑，努力不懈，却又常常覺得很空虛？」

師言：「要先找回自己。否則像浮萍無根，縱使處處用力，時時用心，到頭終是一場空。」

又問：「如何才能找回自己？」

師言：「歸根結柢仍是宗教。以宗教的精神爲中心，便能有定力，不致被世間的人我是非所蒙蔽。」

某居士因爲兒子信了基督教，十分懊惱。師父開示道：「你該爲他高興呀——有信仰比沒信仰好。」

有委員一心向佛，妻子卻是虔誠的基督徒。請示：「各種不同宗教，今天應如何相處？」師言：「宗教要像個大海，不管江水、河水、溪水，什麼都可以；所謂萬流歸宗，我們一定要有這種涵量去包容祂，欣賞祂、愛祂。只要自己行得正，誰說誰對都不要計較，切莫要說：『我對，你不對』。」

有學者道：「常覺得社會不公平，自己責任很重，壓力很大。」

師言：「人生觀不同，心態亦將不同。同樣能明辨世間善惡是非，無宗教信仰者，抱持不平之心，濟世之志愈大，壓力就愈大；有宗教信仰者，亦欲普渡眾生，然其善盡本分，責任雖重，心態却很寬柔。」

問：「無論是宗教人物或政治人物，都認爲他們自己的理想是好的，是可以爲衆生帶來幸福的。這其間有差別嗎？」

師言：「真正的宗教者超越了功利，政治人物却是要建立功利；這中間當然有差別——而且相差很大。」

某先生真切的表示：「對於佛教，心中有一連串的問號……」

師言：「佛教者乃擔如來家業，引人們智信而非迷信。常聽有人求消災，以為拜佛，佛會保佑。其實，學佛拜佛乃以佛教浩瀚教義，來啓發人們智信良知與良能，看得開放得下，即有心力向前進。總而言之：信仰乃先啓發自信，再來引渡別人的良性。」

青年詩人初訪精舍，問道：「信佛的人和不信佛的人，在生活或道德的實踐上，有無差別？」

師言：「信佛和不信佛的人，基本上沒什麼差別。他們都是人，擁有人所共有的本性與善心。即使不信佛的人，只要發揮他的本性與善心，也一樣會做好事——但在信佛的人中，沒有『學佛』的人和『學佛』的人，就有差別了！學佛的人必須一心效法佛心佛行，以救人救世爲己任，常常會捨身就道，犧牲小我，完成大我。不學佛的人則比較不能擺脫自身利害的考量，常會在有意無意間仍透露出積德以求庇佑的心願。相對之下，學佛者的行善是無所求的，正如佛陀是爲衆生成佛，而非爲了自己成佛啊！」

有位女士因丈夫被崩土掩埋年餘，難捱沈重壓力，要求遁入佛門了脫煩惱。

師言：「家中群幼尚須母親撫養、教導，此時如撒手不管則對子女失責，再則更加深自己的業障；理應於家中盡一分母親的天職。」

現代人往往神佛不分，以為佛即是神。

師言：「佛不是神，大地眾生皆有佛性。佛陀乃超凡入聖，自覺覺他的最尊者，真實人生的引導者。」

弟子：「為何要將佛聖化，而不可神化？」

師言：「神鬼同道，因為他還有瞋心在，所以還會隨業轉於三界內。而佛菩薩疼愛眾生，如母之愛子，無怨無求；因此佛是聖人而非神，神離人很遠，而聖人隨時在我們周圍。」

弟子問：「佛教徒有三類，一是學佛的人，二是拜佛的人，三是信佛的人。到底那一種才是正確的佛教徒呢？」

師言：「學佛的人才是。我們要學佛的信心、學佛的毅力、學佛的勇氣，學佛這份犧牲小我的偉大精神。」

有些人會說：「師父，我很想學佛，但是識字不多，要學唸經實在很難啊！」

師言：「佛陀並不是要我們把他所說的教法當成文字經典，只用嘴巴唸唸，而是要把它拿來當路走。佛陀講經其實就是在講道，是指引一條路讓我們走，所以我們應當『精勤而行之』，才是真正地『學佛』啊！」

弟子問：「爲什麼現在我們覺得佛法很深奧呢？」

師言：「若往上推溯到佛陀的時代，佛法並不是那麼深奧的，而是真正平易近人，淺顯易懂的教育，只是我們日常生活中做人的道理而已。因爲它源遠流長，經年累月下來；又因爲人們對其尊仰崇敬，難免有各種精深的或奇特的描述。若能抱持著佛教是日常生活心靈教育的心理，那麼進入佛門之後，就自然能得到佛教的人生真諦了。」

弟子：「學佛者常跑道場好不好？」

師言：「有些學佛者心態如海水，內心常自起波瀾，自作煩惱；有人在一開始接觸佛法時，即迫不及待的拜佛、念佛，對佛法的真正意義卻不去探究。學佛應該將佛陀所教導我們的，應用在日常生活中。直心是道場，正心是道場，深心是道場。」

弟子問：「什麽是經，爲何要唸經？」

師言：「『經』，即是『道』，『道』即是『路』。唸經就好比看地圖，記下了地圖中的名稱、方向，按圖索驥，我們才知道應該遵循的方向。」

某委員請示，到底要如何聽道，才能够攝受佛法？

師言：「心不專則聞不入；心念不專一，即使聽再多的法也聽不進去。大部份的人都是一耳聽，一耳漏，這叫做有漏。要靠耳根聽，然後專心攝受，這稱爲無漏。用無漏根來聽，才有辨法攝受佛法。」

談「功德」

會員問：「捐血也是一項孝順父母的功德嗎？」

師言：「我們的身體中，每滴血都是父母給的，捐出一滴血來救人，就等於是在報答父母的恩德。想想看，把父母給我們的、流在我們體內的血，輸到別人的身上，救人的生命，這是多麼的神聖——這不就是父母的功德嗎？」

一位婦人問：「誦經真有功德嗎？」

師言：「有人以爲只要念經，佛就會保佑他，爲他消災，這是錯誤的觀念。要知道衆生渾沌，時常迷失而誤入歧途。佛陀講經說法，即是要指導我們人生的去向。」

有弟子問：「唸佛號意義何在？」

師言：「世間人唸『阿彌陀佛』佛號的，可以有許多不同的層次；有上根上智者，也有智識不足的。上根上智者，只消一句『阿彌陀佛』，即能從中吸收無量無邊之道，體悟佛心；智識不足的，一時無法了解經中的道理，所以也要勤唸『阿彌陀佛』，以求消除罪業，澄思定心。」

有人問：「常聽人一定要唸幾萬遍佛號，方可往生西方？」

師言：「他是一直在數唸幾遍，心念一直放在數字上，而非放在佛號上。」

弟子：「聽説誦三千卷金剛經可以破名相？」

師言：「能夠破名相四句偈就可破，若不能破，誦一萬卷金剛經也沒有用！」

談「因果」

一位會員，一坐定即說：「請師父看因果。」

師言：「我不會看因果，但我們要注意因果。」

有人請示師父：「因果與環境有關係嗎？」

師言：「因果乃業力所致，但會牽制環境。」

又問：「可以改變嗎？」

師言：「不僅要有毅力還要有一分善緣。」

一位師姊問：「何時運才能通？」

師言：「日過運即通，日日歡喜過，即得心自在。

常有人問：「人爲什麼會不得自主，如癡人任憑環境擺佈，被命運安排呢？」

師言：「只有凡夫才會被命運『業力』安排，聖人自能安排命運的。如何安排命運呢？必須用信心、

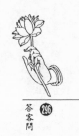

志願及智慧力，堅毅地去破除煩惱的惡念，則智慧生，而業力隨轉！一切即能解脫自在。」

談「迷信」

有些人常問：「算命有用嗎？」

師言：「命理是有的，但不能迷信。一般人所說的命運，或是運氣，也就是佛教中所說的業力；既然相信業力，自然就會有命理。但是，佛教中有句話說：『一切唯心造』。凡夫受命運所操縱，而聖人却能操縱支配自己的命運。」

一位旅居國外的女士，專程前來問：「母親常去算命，問運氣。」

師言：「有一分正信、正念，本身可以轉命運，我們的貧戶個案中很多是算命的。」

常有人爲事業不順，身體不好，而懷疑家中神位不對或有所沖犯。

師言：「佛門講定業因果，只要心安處處皆安，心安即理得。在佛教中任何方位都是好位子。」

有人爲算命之言，篤信而依行，惟恐犯忌。

師言：「佛門中不忌這些，佛教談精神超然，立即氣盛。在佛門中，日日月月都是吉祥時。」

某居士問：「一般民衆所信仰的法術神通與佛教有關嗎？又一般對深入信仰者謂之迷，是嗎？」

師言：「法術是鬼道，不是佛教，亦非道教。至于『迷』字看人們如何信仰，一般社會人士，心念惶恐，對事物無法全心信仰，乃取信於籤詩筊杯，並無真正深入教理。佛教乃是改革人生提倡科學，而非只是拜拜的宗教。」

一位自稱爲佛門幼稚生的男衆來請法：「真有靈魂嗎？」

師云：「迷者爲靈魂，覺者爲覺識。」

談「修行」

常有人問：「應如何修行？」

師言：「在一念之間；就注意在外境來時的一念之間。」

有人以爲自己修持得很好，但是碰到一點小事就起煩惱心。

師言：「凡夫心容易起波瀾，即是『八風』（註）吹不動，微風吹動了。」

（註：人生「八法」如八種風，分別是：利、衰、毀、譽、稱、譏、苦、樂。）

或問：「師父！修行和修養有什麼不同？」

師言：「修行就是修心養性，每個人的習氣不同而佛性却是一樣的，修行就是要好好保持這份善良的本性，所以修行也就是修養。」

年輕的佛學院學生問師父如何修持。

師言：「我每日即是人生道上的一頁，過眼的每個人、每句話都是頁中的字字行行。在人生中得佛法，而非在佛法中得人生。」

有一位年輕的比丘尼來精舍，他們問：「法師啊！在您修行的這條路中，有否碰到困難的事？」

師父反問他們：「什麼叫做困難？我從來沒有時間去想到困難。」

又問：「在人與人之間，你的心難道沒有障礙嗎？」

師言：「修行是我們自己心甘情願的。就是因爲要脫離人我是非，才需要修行，如果修行還要去招惹人我是非，那又何必修行呢？」

某先生喜歡參禪。

師言：「參禪不光是坐在那裏而已；行住坐臥，擔柴運水無不是禪，我們要行禪，不是坐枯禪。」

另有一委員曾問：「何謂禪？」

師云：「吃飯專心吃，作事專心作；心無旁騖，即是禪定。」

有人問：「爲何要持戒？」

師言：「人之所以痛苦，惶恐，不安，是由於犯了錯的罪惡感所致；持戒就是要防患於未然，守正於日常生活之中，形成規矩，自可避免犯錯。」

有人說：「我心好就好，又何必去修行呢？」

師言：「你的心好有誰知道呢？真正的心好，應該是要受過一番洗練，練得非常自動、練得沒有一絲一毫的考慮，馬上伸出援手去扶助別人。修行因此就有必要了。」

有人學打坐，坐到整天都有人在耳邊跟他講話，聽一些別人聽不到的聲音，以爲這就是「天耳通」。

師言：「真正的天耳通是遠離一切煩惱雜念，和不清淨的言語；不但不聽是非，而且能把是非轉爲佛法，當作教育，所聽的全是清淨法音，這才是真正的天耳通。」

有些人以爲修行能修行到眼見仙佛鬼神，就是「天眼通」，其實這是錯誤的。

師言：「只要能把世間的事、物樣樣看得開，不去計較爭執，就是真正的天眼通了。」

很多人以爲具有「神足通」的人，能日行十萬八千里，其實這是不可能的事。

師言：「真正的神足通，是世間的路我來走，條條皆通。只要我們能秉持光明正大的心理，抱著誠正的態度待人接物，則天下無難事；既然天下無難事，當然也就道道皆行得通了。」

別人在想些什麼，具有「他心通」的人真的都知道嗎？

師言：「只要我們能抱著坦誠的心意，體諒他人，事事爲別人設想，那麼別人對我們就無任何隱瞞，如此我們又怎會不了解他的心思呢？」

有所謂「宿命通」，就是洞悉過去，瞭解現在，預知未來。

師言：「我們想要知道過去未來，其實現在就已能一清二楚了。有句話說：『欲知前世因，今生受者是，欲知來世果，今生作者是』，這豈不是明顯的告訴我們過去和未來了嗎？」

那麼，「無漏通」呢？

師言：「學佛不要想求神。最重要的是要能把煩惱斷盡，在接受佛法之後，能身體力行，能發揮菩薩的精神，這種『無漏通』才是真正我們要求的。假如能修到無漏通，自然也就能心通，能心通當然萬事皆通，那又何必盲目的去追求神通呢？」

【附錄】

【附錄一】

「佛教慈濟功德會」

●釋證嚴

佛教慈濟功德會，秉承佛陀「無緣大慈，同體大悲」之心念，服膺上印下順上人「爲佛教、爲衆生」之志節，從事濟貧教富之志業。

因此，我們的理想是：

以慈悲喜捨之心，起救苦救難之行，與樂拔苦，締造清新潔淨之慈濟世界。

我們的方法是：

以理事圓融之智慧，力邀天下善士，同耕一方之福田；勤植萬蕊心蓮，同造愛的社會。

我們的工作是：

集慈善、醫療、教育與文化四大單元於一爐。

而我們的精神是誠、正、信、實。

我們深信衆生平等，人人具有佛性，只要能從慈門入，必能一窺佛門的莊嚴美妙殿堂；只要能從善門入，富者施之，必能得福而樂；貧者受之，必能得救而安。

人生無常，生命隨日俱逝，我們應該把握難得的人生，造善因，得善果，才不致有深入寶山，空手而回之憾。

慈濟委員以智慧相結合，以愛心相扶持，以殊勝之因緣携手闊步於菩薩道上。

我們的委員，因爲能夠「以佛心爲己心」

，故一眼觀時千眼觀；能夠「以師志爲己志」，故一手動時千手動，聞聲救苦，即時解難，何異於觀世音菩薩之千手千眼。

「一月普現千江水，千江水月一月攝」，佛陀以慈眼視衆生，法雨普施，故千山競秀，何等慈悲，又何等智慧。

凡我慈濟委員都應以正信、正念，勵行慈濟善道，以實際之參與，體悟生老病死、成住壞空之真諦，群策群力，共創慈濟志業於千秋，同傳美譽於世代，給自己留下人生美好的回憶，讓子孫以今天我們所做的爲榮。

「欲知前世因，今生受者是，欲知來世果，今生做者是」，人生難得今已得，在菩薩道上，我們應該勇猛精進，讓愛心充滿我們的社會，讓我們的社會有善的循環，這才是福慧雙修、正信、正念的佛門弟子。

願與所有的慈濟委員共勉之。

【附錄二】

水晶石與白蓮花

●林清玄

在花蓮鹽寮海邊，有一種石頭是白色的，温潤含光，即使在最深沈的黑暗中，它還給人一種純淨的光明的感覺。把燈打開，它的美就碰然一響，撫慰人的眼目。把它泡在水裏，透明純粹一如琉璃，它給人的感覺不像是人間之石。

我一向非常喜歡石頭，撿過的石頭少說也有數千顆，不過，這水晶石使我有一種低迴喟歎的感受，在雄山大水的花蓮竟然孕育出這許多透明渾圓、沒有缺憾的石子，真是令人顫動的呀！

疑似水晶的石頭原不產在海裏，它是花蓮深山的蘊藏，在某一個世代，山地崩裂，石塊滾落海岸，海浪不斷的磨洗、侵蝕、沖刷，使其成爲圓而晶明的面目。

疑似水晶的石頭比水晶更美，因爲它有天然的樸素的風格，它沒有鑿痕，是山林鍾秀的孕生，又受過海浪永不休止的試煉。

疑似水晶的石頭使人想起白蓮花，白蓮花是穿過了污泥染著的試探，把至美至香至純淨的花朵高高標起到水面，水晶石是滾過了高高的山頂、深深的海底，把至圓至白至堅固的質地輕輕地滑到了海濱。

天地間可驚讚的事物不少，水晶石與白蓮花都是，人世裏可仰望的人也不少，居住在花蓮的證嚴法師就是。

第一次見到證嚴法師，就有一種沈靜透明如琉璃的感覺，這個世界上有些人不必言語就能給人一種力量，那種力量雖然難以形容，却不難感受。證嚴法師的力量來自於她的慈悲，還有她的澄澈，佛經裏説慈悲是一種「力」，清淨也是一種「力」，證嚴法師是語默動靜都展現著這種非凡的力量。

她的身形極瘦弱，聽説身體向來就不好；她説話很慢很慢、聲音清細，聽説她每天應機説法、不得睡眠，嘴裏竟生了痤瘡；她走路很從容、輕巧，一點聲音也無，但給人感覺每一步都有沈重的背負與承擔。她吃飯吃得很少，可是碗裏盤裏不會留下一點渣，她的生活就像那樣子一絲不苟。

有人問她：「師父天天濟貧扶病，每天看到人間這麼多悲慘事相，心裏除了悲憫，情緒會不會被遷動，覺不覺得苦？」

她説：「這就像爬山的人一樣，山路險峻、流血流汗，但他們一點也不覺得辛苦；對不想爬山的人，拉他去爬山，走兩步就叫苦連天了。看別人受苦，恨不能自己來代他們受，受苦的人能得到援助，是最令我欣慰的事。」

我想，這就是她的精神所在了。慈濟功德會的志業現在已經全國都知道了，它也是近代中國最有象徵性的佛教事業，大家也耳熟能詳，不必贅述。我來記記兩次訪問證嚴師父，我隨手記下的語錄吧：

「這世間有很多無可奈何的事、無可奈何的時候，所以不要太理直氣壯，要理直氣和。做大事的人有時不免要求人，但更要自己的尊嚴。」

「未來的是妄想，過去的是雜念，要保護此時此刻的愛心，謹守自己的本分；不要小看自己，因爲人有無限的可能。」

「人心亂，佛法就亂，所以要弘揚佛法，人心要定，求法的心要堅強。」

「醫生在病人的眼裏就是活佛，護士就是白衣大士、是觀世音菩薩，所以慈濟是大菩薩修行的道場。」

「這世界總有比我們悲慘的人，能爲別人服務比被服務的人有福。」

「現代世界，名醫很多，良醫難求。我們希望來創造良醫，用宗教精神啓發良知，以醫療技術來開發良能，這就能創造良醫。」

「我一開始創建慈濟的時候是救窮，心想一定要很快消滅貧窮，想不到愈救愈多，後來發現許多窮是因病而起的，要救窮，就要先救病，然後才蓋了醫院。所以，要去實踐，才知道衆生需要的是什麼。」

「不要把陰影覆在心裏，要散發光和熱，生命才有意義。」

「菩薩精神是永遠融入衆生的精神，要讓菩薩精神永遠存在這個世界，不能只有理論，也要有實質的表現。慈悲與願力是理論，慈濟的工作就是實質的表達，我們希望把無形的慈悲化爲堅固的永遠的工作。」

「一個人在絕境時還能有感恩的心是很難得的，不過一個永保感恩心付出的人，就比較不會陷入絕境。」

「每一分菩提心，就會造就一朵芳香的蓮花。」

「當我決心要創建一座大醫院時，一無所有，別人都告訴我那是不可能的，但我有的只是像地藏菩薩的心，這九個字給我很大的力量：我不入地獄，誰入地獄！」

「我得過幾次大病，瀕臨死亡，我早就覺悟到人的生命不會久長，但每次總是想，如果我突然離開這世界，那麼多孤苦無依的人怎麼辦？」

……

這都是隨手記下來的師父說的話，很像海浪中湧上來的水晶石，粒粒晶瑩剔透，令人感動。

師父的實踐精神不只表達在慈濟功德會這樣大的機構，也落實在生活的每一個細節。她們自己種菜、自己製造蠟燭、自己磨豆粉，「靜思精舍」一直到現在都還保有這種實踐的精神。甚至這幢美麗素樸的建築也是師父自己設計的，連屋上的水泥瓦都是來自她的慧心。

師父告訴我從前在小屋中修行，夜裏對著燭光讀經，曾從一支燭得到了開悟，她悟到了：

「一支蠟燭如果沒有心就不能燃燒，即使有心，也要點燃才有意義，點燃了的蠟燭會有淚，但總比沒有燃燒的好。」

她悟到了：「一滴燭淚一旦落下來，立刻就被一層結出的薄膜止住，因爲天地間自有一種撫慰的力量，這種力量叫『膚』」。

爲了證驗這種力量，她在左臂上燃香供佛，當皮被燒破的那一剎那，立即有一陣清涼覆蓋在傷口上，即是「膚」；臺灣話裏，孩子受傷，媽媽會說：「來！媽媽膚膚！」這種力量是充盈在天地之間的。

她悟到了：「生死之痛，其實就像一滴燭淚落下；就像受傷了，突然被膚。」

她悟到了：「這世界無時無刻不在對我們說法，這種說法常是無聲的，有時却比聲音更深刻。」

師父由一支蠟燭悟到的「燭光三昧」，想必對她後來的行事有影響，她説很喜歡燭光的感覺，於是她自己設計了蠟燭、自己製造，並用蠟燭和人結緣。從花蓮回來的時候，師父送我五個「静思精舍」做的蠟燭。回臺北後，我把蠟燭拿來供佛，發現這以沈香爲心的蠟燭可以燒十小時之久，並且燒完了不流一滴淚、了無痕迹，原來蠟燭包覆著一層極薄的透明的膜，那就是師父告訴我的「膚」吧！我站在燒完的燭臺前歛容肅立，有一種無比崇仰的感覺，就像一朵白蓮花從心裏一瓣一瓣的伸展開來。

證嚴師父的慈濟志業，三十幾萬位投身於慈濟的現代菩薩，他們像蠟燭一樣燃燒、散發光熱，但不滴落一滴憂傷的淚，他們有的是歡欣的菩薩行。

他們在這空氣污染、混亂濁劣的世間，像一陣廣大清涼的和風，希望凡是受傷的跌倒的挫敗的衆生，都能立刻得到「膚膚」，然後長出新的皮肉。

他們以大悲心爲油、以大願爲炷、以大智爲光，要燒盡生命的黑暗，使兩千萬人都成爲菩薩，使我們住的地方成爲淨土。

慈悲真是一種最大的力呀！

我把從花蓮帶回來的水晶石也拿來供佛，覺得好像有了慈濟，花蓮的一切都可以做爲天地的供養，連「花蓮」這兩個字也可以供養，這兩個字正好是「妙法蓮花」的縮寫，寫的是一則千手千眼的現代傳奇，是今日世界的「觀世音菩薩普門品」！

（節錄自民國78年5月5日聯合報副刊）

【附錄三】

山來照山·水來照水

證嚴法師的故事

●彭樹君

一粒種子落在土裏，經過數十年風霜雨露的摧折和潤澤，終會長成一株大樹。然而儘管它的枝葉再茂密，椏條再延伸，它所覆蓋的綠蔭依然有限。

可是，樹木的數量若能無限增加，福蔭的範疇也將無限綿延，終將成爲一座無盡的森林，讓所有身歷火宅、心陷懸崖的人，都能分得一缽菩提的清涼。

證嚴法師，就是那撒種子的人。

身無掛礙　一切隨緣

那是五十多年前了。

伊生於台中縣清水鎮，出生不久即承嗣給叔父，後隨父母移居到豐原。伊俗名錦雲。

錦雲從小即愛耽於沈思，人生從何處來，人死往哪裏去？伊想，在生與死之間，人又是爲了什麼而活著呢？

十五歲時，伊母親罹患胃穿孔，需要開刀。在當時，開刀是很危險的，錦雲侍母至孝，小小年紀即發願爲母親消災，向觀世音菩薩祝禱：「菩薩啊，請聽我說，母親若能病好，錦雲情願減少自己十二年的壽命！」

也許是她的孝心果真感動了天地吧，後來母親的病竟奇蹟似的好了起來，錦雲心存感謝，開始茹素。但當時她對佛法並沒有穎悟，只是出於一片純孝而已。

五年之後，晴天霹靂一般，伊的父親因腦溢血而突然撒手西歸，錦雲悲慟至深，隱隱覺得人力與天力果真是一場勝負懸殊的拔河。伊想，人命何其單薄，因緣何等無常啊。

伊開始渴望投身到天涯海角，去尋求皈依之處，去追踪人生的源頭與盡頭，去探看一切無常的謎底。

二十四歲那年，夏秋之交，伊經過某寺附近的稻田，看見兩個尼師在割稻，因平素原已相熟，就加入他們的行列。稻浪洶湧，在風中飄搖爲一句偈語，說給伊聽。伊割著割著，頓時心有領會，豁然開朗，剎那間萬般喜悅，彷彿一切天機盡在胸壑。暮色已降，割稻的活兒告一段落，是告別的時候了。其中一位年輕的尼師突然問伊：

「妳想不想跟我們走？」

對這個天外飛來的問題，伊絲毫不驚，因爲其實早已決定。「好，就現在，現在就走吧。」

另一個年長些的尼師將伊纖瘦的手合在自己掌中，目光灼灼，直望入伊內心深處：

「身無掛礙嗎？」

伊點頭。「身無掛礙。」

在車站，尼師又問：

「北上？還是南下？」

「哪裏的火車先來就往哪裏去，一切隨緣。」伊安詳回答，決定了自己此後前行的路途，心中湧起泉水奔流的聲音。

火車的方向決定了答案，伊如一朵蒲公英，隨風飄落於鹿野。

民國五十年的鹿野，落後而荒涼，村裏山坡上有間簡陋的王母廟，年久失修，四壁蕭條，隱在野地叢林間，因破敗而乏人問津。伊却隨遇而安，落足於此，從此掛單苦修。

鹿野村村民清苦，伊堅持不受村民供養，只是上山摘野菜生果煮水療飢，或下山撿拾農家田間殘留的花生蕃薯，藉以果腹。這般原始生民的苦修梵行，伊却有甘之如飴的喜樂心情，彷佛一切都落實了。伊遂將一頭秀髮絞去，堅定出家的貞心。

可是伊是自己剃度的，而不是師父爲伊剃度。佛門規矩，若是没有剃度師，便不得受戒。伊却也不急，反正一切隨緣。冥冥之中果然有巧妙安排，在一連串機緣下，伊得見了佛教界最爲人敬重的印順長老，伊當下即認定印老就是自己的師父，要求拜他爲師。一向很少收徒弟的印老看著眼前這個自己落髮的單薄女孩兒，心生歡喜，竟然應允了，爲伊寫了法名—證嚴。

「我們因緣很特別，我就收你爲徒吧。既然出了家，就要時時刻刻心懷佛教、心懷衆生啊。」

將師父這句簡單的叮嚀別在僧衣的襟上，從此伊入佛門，心懷衆生，此去無悔。

千手千眼　救苦救難

伊正式出家，移單至花蓮，因講經的緣故，結識了許多信佛弟子，遂一起結伴修行。日子很苦，所居僅得遮風擋雨，所食亦僅能稍稍裹腹，但伊仍堅持不受供養，因爲衆生更苦。

伊帶領弟子度日，潛心禮佛，一不趕經懺，二不做法會，三不化緣。

他們自力更生，到工廠去拿原料來，加工打毛衣，把水泥袋改裝成小型紙袋當做飼料袋，以種種堅苦的方式維持基本的生活，掙得簡單的溫飽。

伊吮吸了浩瀚佛經典籍的甘露，之於自己的個人修行已臻上乘。然而這並不够，伊想，心懷衆生，應有另一番方式。

民國五十五年，一位信徒因胃出血入院，伊走了長路去探望。當時東部醫療設備落後，人民生活清貧，生病得不到良好的照顧；伊親見醫院裏呻吟病苦，心生不忍，當下發願爲東部千萬同胞，奉獻一切，來解決社會貧病問題。伊想，佛教的宗旨不只是在求一己生命的解脫，如何本慈悲之懷去造福一切衆生，才是主要精神之所在。

當伊由醫院出來，看見門口水泥地上有一灘血，然而人們來來往往，若不關心。伊訝異的問：「地上怎麼會有一灘血呢？」

在伊探聽之下，有人回說：

「是一個山胞婦人小產了，家人走了八小時的路將她抬來醫院，到這裏早昏死過去，可是醫生說要八千元醫療保證金，才肯爲她動手術。山地人没錢，醫院也不願冒險，只好又將那婦人抬回去了。」

伊跌坐椅子上，一陣暈眩。「人與人之間竟然如此冷酷！」回去的路上，伊含淚默想，人間不够的，伊來做吧，但自己的力量有限，如何去做？伊一介貧尼，以什麼來幫助窮苦無告的人們？

不久，花蓮的三位修女來到伊簡陋的淨舍，就彼此的教義交換心得。修女原是要向伊傳教，最後却折服於伊的堅定信仰，了解佛陀慈悲，一如天主的博愛般值得崇敬。但是，「佛教對社會缺乏具體表現，佛教徒似乎只求獨善其身，而少顧及兼善天下。不然，爲什麼在基督教蓋學校、設醫院的同時，却很少看到佛教徒有所行動，對社會有所助益呢？」

修女的這一席話，給伊極大的開悟。是啊，伊想，佛家說，千手千眼觀世音，救苦救難觀世音，是要世人學習佛陀的慈悲：千眼是到處觀察，千手是任何事都做，只要衆生需要。可是佛教徒做好事向來不欲人知，各做各的，潛藏的善願雖深厚，却因淡泊的觀念而無法彰顯。若能集合衆人的善心與力量，濟貧救難，那麼像那個山地婦人的悲劇，將可減到最低。滿腹的善願未求實現，好比私藏甘泉，白白讓衆生焦渴，不是罪過嗎？

「佛説地獄不空，誓不成佛，我獨善其身又有何用？」

伊動心一念，埋下了「慈濟功德會」的嫩芽。

千里之路　始於初步

千里之路，始於初步，凡夫在千里之路的起步，而佛在千里之路的終點，在起步與終點之間的這段距離就是菩薩道。伊説，人與菩薩之間並無界限，只要把凡夫的人格往菩薩的境界提昇，每個人都能成爲菩薩，而菩薩慈悲，當濟世救人。

要救人，自然也得考慮經濟上的力量。

伊如此算計著：寺裏的六人做嬰兒鞋，每人一天增產一雙，每雙可得臺幣四元，六人一天可多賺二十四元，一個月有七百二十元，一年即可多出八千六百四十元。有了這筆錢，就可拯救像那山胞婦人同樣陷溺於悲苦的人一命了。

伊又親手從寺後竹林中鋸下三十個竹筒，發給三十個愛戴伊的信衆——她們都是純樸的家庭主婦—伊要求她們每天買菜之前，先投五毛錢到竹筒裏去，這樣每月就可省下十五元，一年之後盈餘也就很可觀了。

「爲什麼要每天攢五毛錢呢？」信衆們覺得不解：「我們一個月繳二十元不是比較簡單嗎？」

「不一樣的。」伊搖頭：「一個月繳一次錢，一個月才發一次善心。每天存五毛錢，錢雖微薄，可貴的却是日日存有那顆救人愛人的心。」

隨著「五毛錢也可以救人」的說法口耳相傳，這件事在花蓮各菜場很快的傳揚開來，許多家庭主婦跟著響應，參與的人越來越多，終於蔚成一股勢力。於是在五十五年三月二十四日，「慈濟功德會」正式成立，一群手挽菜籃的主婦，寫下了慈濟歷史的首頁。而伊的心願，亦總算根苗初具。

從那天起，慈濟救助的工作就無休無歇的展開了，二十四年來，沒有間斷過一天。

第一個領受慈濟恩澤的，是一個由大陸來臺、孤苦無依的老太太，慈濟主動找上了她，爲她送飯、打理，老太太病了，慈濟將她送醫、照顧，老太太西歸，慈濟替她誦經、安葬……。類似的救濟工作普及展開，在法師堅定的信念感召之下，慈濟會員迅速增加，一日比一日更福澤綿長。

這些可敬的慈濟人，他們主動去發現需要救助的人們，主動伸出援手，需要照顧的就照顧，需要用錢的就佈施。二十四年來，領受過慈濟德慧的衆生不知凡幾，許多人存這份感念之心，也自願加入慈濟，再去幫助比他們更窮更苦的人——慈濟與愛的力量如海潮，向四面八方洶湧而去。到今天，慈濟的會員已增加了一萬倍，由當初的三十人到現在的三十萬餘衆，由原先的家庭主婦，到如今的社會賢達，終於成爲遠近聞名的慈善事業。

今日慈濟的泱泱規模，不是法師伊行神蹟，而是那份悲憫胸懷，感化蒼生，所以聚沙成塔。如伊所言：

「發多大的心即有多大的力，發多大的願即有多大的福。」

「佛心即是人心，人心即是佛心。」

知緣惜緣　再造福緣

本身是一所建設公司的董事長，擁有億萬財產的何先生，工作繁忙之餘，却甘心利用僅有的假日，奔走於臺北花蓮之間，做慈濟的自願義工。

「台灣太有錢了，但財富給了我們什麼？打開報紙，不是大家樂就是六合彩，不是綁票就是搶劫，功利主義造成社會風氣的敗壞，只見一片紙醉金迷。目睹這等情況，有心但灰心的人很多，孔子說，道不行，乘桴浮於海。但走了又怎樣？臺灣的問題仍然存在，這是我們的家，你能丟掉它不管嗎？但是怎麼做呢？」面對社會的百病叢生，何先生有隻手難起沈疴的沈痛心情，直到他與慈濟結緣。

「但是我發現了一線曙光，那就是證嚴法師所領導的慈濟功德會，師父的濟貧工作是那麼紮實的嘉惠於民。有人說師父是佛教的革命家，但師父說他只是復古，佛陀時代的教法原本就是落實在生活中。中國佛教一直讓人覺得太艱深，但師父說：佛教人間化，佛法不是高不可攀。啓發良知，發揮良能，原來人人可以做菩薩。」

何先生的質樸善心，委實難得，在日理萬機的企業經營下，還躬身力行的爲慈濟奉獻。但何先生並不覺自己值得受褒揚，他認爲自己只是在做分內應做的事，而慈濟的每個會員都是像他一樣的想法，其中不乏位高權重的政府首長或家財萬貫的企業鉅子。

「該感謝的是師父，他不僅是救貧，同時也教富，是他老人家的慈悲，才讓我們這些人有福田可耕。」

一位慈濟的師姐說：「師父的擔子這麼重，一點點的力量都是慈濟最需要的。如果今天我在路上跌倒抓到一把沙，也要帶回慈濟給師父。因爲任何一點力量，在慈濟都會發揮最大的效果。」

慈濟的影響力無遠弗屆，每年所收到的捐款已以億計算，但它的每筆捐款，從幾塊錢到幾千萬元，都條列得仔仔細細，絕無分毫閃失。這般公正誠信，確是感動了無數心存善念的人們，紛紛解囊，共造慈濟福業。以去年來說，臺北市政府所發出的救濟款項總數是三千餘萬元，而慈濟單是救濟一項，就付出了二億四千多萬元。凡携手並肩，共同耕耘這方福田者，莫不知緣惜緣，再造福緣。

今天的慈濟雖已是全省影響力最大的慈善事業，可是法師和伊身邊的弟子們，依舊堅持「一日不作，一日不食」的原則。她們在「靜思精舍」旁邊闢了菜圃，清晨四時就起床耕作，她們以簡單的手工勞動做豆粉做陶瓷，維持自力更生的生活，二十餘年如一日，不曾改變。

入世擔當　嶙峋風骨

民國六十八年，慈濟功德會成立的第十三年，法師在長期的心勞力瘁下，體力早就透支，罹患了心絞痛，隨時都可能猝然死亡。伊覺得擔憂。伊倒不是掛懷自己個人的生死，這些伊早不放在心上了。伊憂的是，功德會雖是福澤廣被，但這種工作若要長久，光靠出家弟子的勞心攢聚和在家居士的捐獻是不够的，這彷彿是沒有源頭的水，終有一天會枯竭。伊想，必須爲慈濟尋找一處源頭活水。

於是，伊決定辦一所醫院。

在此之前，東部缺少一間完善的醫院，東部同胞若有重病，因當地醫療單位設備的不足，只有往臺北送，但許多人都因爲時間耽擱，使病情惡化，而回天乏術。

就在這年，「佛教慈濟綜合醫院」的藍圖成形了，隨即展開一條苦樂參半的迢遥路。募款工作的艱辛，自不待言，但經過六年的朝暮奔走，終於獲得社會各階層的支持，於七十三年二月五日，由當時的省主席李登輝先生主持破土典禮。醫院的總工程費約八億，可是這時募得的款項只有三千萬元。登輝先生知道這種情形，難免憂慮：

「没問題嗎？」

「没問題！」法師堅定的回答，心中充滿對明日的希望與對人們的信心。

藉破土之緣，登輝先生親臨慈濟本會——靜思精舍用膳，正逢慈濟委員爲全省會員準備冬令賑濟品，登輝先生目睹慈濟爲每一戶每一口的貧胞，細心的準備了衣、食用品，並依地區戶別，分別裝袋、裝箱，再由貨運分送各地，由當地委員將一分分年節用品轉送到貧戶手中。登輝先生不禁讚嘆：

「政府做的社會工作，還不及你們週全啊。」

當晚，身爲基督教徒的登輝先生捐出了新臺幣三萬元，並滿心歡喜的表示：「從今天起，我也是慈濟的會員了。」

八億元終究不是個小數目，工程中時有因募款困難而面臨停工之虞，但都在千難萬險中撐過來了。起初在籌建經費仍一無著落的時候，曾有一個日本人願意捐出兩億美金給慈濟。兩億美金當時的匯率是八十億臺幣，真是筆令人眼花的大數目！慈濟信衆聽到這個消息，莫不欣喜，可是法師却不爲所動，淡淡説：

「我們不能接受。」

伊自有道理，緩緩道來：

「爲救衆生而蓋醫院，真正可貴的是每個人發願付出那顆心，涓涓滴滴除了將錢聚少成多，更可貴的是同時也匯聚了千萬顆誠意可感的慈心。若憑空獲得這兩億美金，我們如何體會聚沙成塔那種力量？又如何體會自己做主人的踏實感？蓋一所醫院救助自己的同胞，是我們分內的責任，難道還要外國人來幫我們做嗎？」

在伊那瘦削却莊嚴的肩頭上，實有一分氣魄非凡的入世擔當，與不卑不亢的嶙峋風骨。

無緣大慈　同體大悲

排除萬難，七十五年八月十七日，「佛教慈濟綜合醫院」終於落成，在原來一片荒烟蔓草間，巍峨矗立，美麗而莊嚴。凡瞻仰過它的風采者，莫不驚歎：

「這麼堅實浩大的工程，真是功德無量啊。」

法師深知貧與病是不分的，所以慈濟醫院秉持佛陀對衆生平等的慈愛而設，自然成爲苦難心靈投靠的明燈。

兩年多來，關於這所醫院的故事，說也說不完，許多不可能的事，都在這裏發生了。

它首開不收保證金的制度，讓急病患者一入醫院，不論有錢没錢，都能得到迅速的處理與治療。它不但改變了臺灣醫療的舊制度和惡習慣，也改變了一般人對醫生的冷漠印象——爲了無法治癒一個患者的絶症，一位慈濟醫師竟下跪向這位病患道歉請罪。

它讓醫生、護士和病人，甚至是來慈濟志願打雜的義工，親如家人，實難找到一所醫院像它一樣，充滿那麼多善意的微笑與親切的關懷。醫院本是匯聚一切生老病死的苦難集中地，但在這裏，却只覺得如沐春風，平和恬靜。

它的醫療技術進步神速，許多赫赫有名的醫生，自願放棄大城市的繁華，來此工作，有人甚至要求與慈濟簽約至民國一百零七年。民國七十七年臺大醫學院的實習生，更多以慈濟爲實習的第一志願。

這一連串的事實，並非神蹟，而是慈濟醫院這所救世慈航的精神感化。在這裏，醫生都懷抱了救人的熱忱，不當名醫，寧爲良醫；在這裏，病人都放心的把自己交給醫生。是那分相互信賴扶持的誠意，是法師「無緣大慈，同體大悲」的心念，讓這所新生的綜合醫院，成爲東臺灣最動人的現世傳奇。

前臺大醫院兩位副院長杜詩綿（編註：杜先生爲首任慈濟醫院院長，已於七十八年七月初因肝癌過世）、曾文賓（現任慈濟醫院院長），從建院籌備之初至最後醫院落成，都全心參與投入，因此臺大醫院與慈濟醫院一開始就以交換醫生的方式做定期交流，來提昇醫療的最新水平，一方面使醫護人員不虞匱乏，再者醫療作業也就能隨著科技進步，日益發揮高度效率，使得慈濟醫院能站在東部醫療的第一線，與西部各大醫院平分秋色。

法師認爲「八苦之中，病苦最苦；八福田中，看病第一」，所以窮苦的人在這裏能得到細心而免費的醫療，有時病人偷偷跑了，醫生還會追到病人家裏去，不是追討醫療費，而是苦勸病人回到醫院，徹底把病治好。對於醫生們的飲食起居，法師無不關懷備至，至於對病人們的病況，伊亦是歷歷在心。每日，伊都要親自巡迴病房，一切都好，伊才能安心。說起比較特殊的病例，伊眉目之間溢滿了母親的關切與疼惜：

「他好會唱歌。」伊指的是一個十七歲的山地少年，因搬運大理石的車翻覆，下半身全被砸爛，只好自腰部以下切除。醫生都說無望了，伊說一定要救，醫院終於盡一切力量把少年救活了。「真可愛啊，他坐著輪椅在每間病房進進出出，還笑瞇瞇的對其他病人說，怕什麼，我這樣都活得好好的。」

開心臟手術，開腦部手術，慈濟都做出了名堂，除了醫生的醫術高超和病人的信心使然之外，背後最主要的潛因應是那份信仰的力量吧。

不知從什麼時候起，常常在黃昏，醫院裏的護士，醫生和病人，就習慣性的聚集在走廊與樓梯間，也不拘是誰撥第一道吉他的弦音，是誰起第一縷唇間的歌聲，大家就親愛而虔誠的唱起歌來。那美麗而安詳的歌聲，不絕如縷，穿透了慈濟的窗口，迴蕩在慈濟的角落，彷彿在爲這個世界的美善做見證，告訴你，人間依然有愛。

經者道也　道者路也

一介布衣貧尼，隻手撐起這片慈濟福業，伊秉持佛陀的慈悲，投入青春年華與滔滔歲月，集千萬鈞於一肩，荷人生苦於一身，表現了大乘佛教高尚的人道主義精神。

慈濟醫院的非凡成就，只是初步，還有興建中的慈濟紀念堂，醫院第二期的擴院工程，今年秋天就要開學的慈濟護專，正待破土的慈濟醫學院，建地已覓得的慈濟大學……都在慈濟的計畫中，不久之後即將一一實現。美麗的花蓮，將成爲東臺灣慈善、醫療、教育與文化的重鎮。

不可能的，都已一一成爲可能。一顆偉大的心靈，來自深慈大願，成就了不平凡的功德；出家非將相所能爲，出家人肩負入世擔當，更是不容易。正如伊常說的，經者，道也，道者，路也。經是給人走的而不是給人唸的，我們要行經，而不光是口頭上唸經啊。

新聞界名人高先生，因受法師精神感召而辭去某報社長一職，願爲慈濟做義工。他說：

「現在這個社會，講愛、講奉獻，提倡道德的人很多，但真能實踐愛和道德並能貫徹如一的人又有多少？教訓別人很容易，自身踐履起來又如何？證嚴法師的例子，却讓我們看到，今天臺灣這個資本蓬勃發展、處處唯利是問的社會，除了錢，還有愛和人心善良的一面在發揮，還有人文良心在跳躍。

「證嚴法師及慈濟醫院的出現是臺灣富裕化之後的回饋現象。過去貧困，大家都很痛苦，七〇年代之後開始大轉化，經濟與教育都提升了，人們內心隱藏著的那股感激之情與惻隱之愛，被慈濟激發了出來，開始默默地回報社會，但公衆並不知道，這是臺灣無形的良心存底，其道義力量遠遠大過七百億外匯存底。而根本上，慈濟精神則是與中國人文主義兼善天下的；大公無私，濟貧救弱既爲佛家所認同，也是中國文化的命脈相關數千年傳統。當然，社會制度的不周全，政治的不完美，人世中無可奈何的幽黯殘缺，也都間接培育了慈濟的志業。」

由一位無名女子，平凡的比丘尼，兩袖清風的苦行僧，動員三教九流，從朝到野，蓋了一座耗資數億的現代化醫院，作了無數量濟世救人、濟貧教富的功德，無異是當世傳奇！回憶坎坷的來時路，慈濟人只有一句話

「今日的慈濟，將成爲明天的歷史！」

伊的慈顏如明鏡，山來照山，水來照水，拭淨了天地的眉目，也讓許多蒙塵或苦難的人心得見曙光，一一去映照其他更多的人。伊的慈悲，孕育了慈濟，而慈濟不正是理想國的雛型嗎？

在臺灣東部，山明水秀的花蓮，你站著，只覺得千江有水千江月，萬里無雲萬里天，而自山水間隱隱傳來這句話：

「福田一方邀天下善士，心蓮萬蕊造慈濟事業。」

（轉載自七十八年五月十六、十七兩日「自由時報」副刊）

「慈濟慈善事業基金會」的地址和聯絡電話是——

本　　會：花蓮縣新城鄉康樂村21號
TEL：（038）266779・266780

台北分會：台北市忠孝東路三段217巷7弄35號
TEL：（02）7760185

台中分會：台中市民權路314巷2號
TEL：（04）3224073

屏東分會：屏東縣長治鄉長興村中興路83號之1
TEL：（08）7363953

慈濟醫院：花蓮市新生南路8號

TEL：（038）561825-32

濟貧基金郵撥專户：0018533-2（靜思精舍）

建設基金郵撥專户：0688779-1（佛教慈濟基金會）

美國分會：

Buddhist Tzu-Chi Association of America

1000 S. Garfield Ave. Alhambra, CA. 91801

TEL:（818）2813383　FAX:（818）2815303

林清玄的佛學散文

林清玄素仰證嚴法師的德行高潔，從中獲取許多寶貴的智慧，開啓心靈的花瓣。他說：「第一次見到證嚴法師，就有一種沈靜透明如琉璃的感覺，這個世界上有些人不必言語就能給人一種力量，那種力量雖然難以形容，卻不難感受。證嚴法師的力量來自於她的慈悲，還有她的澄澈，佛經裏說慈悲是一種『力』，清淨也是一種『力』，證嚴法師是語默動靜都展現著這種非凡的力量。」

林清玄深受證嚴法師悲心感召，寫下一系列的佛學散文。讀林清玄的佛學散文，對《證嚴法師靜思語》會有更深一層的體認和靈悟。下面就是林清玄的著作：

紫色菩提	140 元	拈花菩提	120 元
鳳眼菩提	130 元	清涼菩提	120 元
星月菩提	130 元	寶瓶菩提	120 元
如意菩提	130 元	紅塵菩提	110 元
隨喜菩提	130 元	有情菩提	120 元
菩薩寶偈	120 元	香水海	130 元
好雪片片	110 元	心的絲路	110 元
會心不遠	110 元	心海的消息	150 元
聖嚴法師鼓集(編)	120 元	越過滄桑	150 元
天邊有一顆星星	130 元	一滴水到海洋	130 元

■上列單册九折「菩提十書」975 元，二十册合購 1880 元(限郵購)，並掛號寄書。

九歌叢刊⑱

證嚴法師靜思語 第一集

BUDDHIST PRIESTESS CHENG YEN'S MEDITIONS(I)

著　　者：釋　證　嚴
編　　者：高信疆(主編)／何國慶／柯元馨／洪素貞
發 行 人：蔡　文　甫
發 行 所：九歌出版社有限公司
臺北市八德路３段12巷57弄40號
電話／5776564・5707716
郵政劃撥／0112295-1
登記證／行政院新聞局局版臺業第1738號
門 市 部：九歌文學書屋
北市八德路3段12巷51弄34號／電話5792838
北市長安東路2段173號／電話7773915
印 刷 所：崇寶彩藝印刷公司／電話02-2876522
法律顧問：龍雲翔律師電話／02-5423347
初　　版：中華民國78年11月15日
初版180印：中 華 民 國 82 年 11 月 10 日

定價140元

ISBN 957-560-043-6